Week 02

QR코드 하나를 가리고 찍으면 편해요!

MP3 바로듣기   강의 바로보기

---

1 **aisle**

● 통로

기출 Some bookshelves are separated by an aisle. 책장들이 통로로 나뉘어 있다.

만점 TIP
· 발음에 유의하세요. [s]가 묵음으로, [아일]이라고 발음합니다.

---

2 **rack**

● (물건을 거는) 걸이, (물건을 올려 두는) 선반

기출 Some clothes are hanging on a rack.
옷들이 옷걸이에 걸려 있다.

만점 TIP
· 시험에 나오는 또 다른 rack

luggage rack   bicycle rack

---

3 **level**

● 층, 단

기출 A bicycle rack has two levels.
자전거 보관대가 2단으로 되어 있다.

만점 TIP
· '층'을 의미하는 또 다른 표현 : story
A building is several stories tall.
건물이 여러 층 높이이다.

4 (cash) register

● 금전 출납기, 상점의 계산대

> **기출** A **cash register** drawer is open.
> 금전 출납기 서랍이 열려 있다.

> **만점 TIP**
> · 상점 사진에서 계산대를 checkout counter라고 표현하는 문장도 나옵니다.

5 walkway

● 통로, 작은 길

> **기출** A **walkway** is lined with benches.
> 통로에 벤치들이 줄지어 있다.

> **만점 TIP**
> · '길'을 나타내는 기출 어휘
> pathway / path 보도
> trail 산길, 오솔길
> road (특히 차가 다니는) 도로
> street 일반적인 길, 도로

6 patio

● 파티오, 테라스 자리

> **기출** A roof has been built over an outdoor **patio**.
> 야외 테라스 위에 지붕이 설치되어 있다.

> **만점 TIP**
> · Part 2에도 자주 나오는 단어입니다.
> [패디오우 (미) / 패티오우 (영)] 발음에 유의하세요.

7 potted plant

● 화분에 담긴 식물

> **기출** A **potted plant** is positioned in a corner.
> 화분이 구석에 놓여 있다.

> **만점 TIP**
> · 시험에 가장 자주 출제되는 사물 중 하나입니다.

8 container

- 그릇, 용기

기출 Some containers have been filled with food.
용기들이 음식으로 가득 차 있다.

만점 TIP
• 배에 싣는 화물 수송용 컨테이너만을 연상하기 쉬운데, Part 1에서는 '그 릇, 용기'를 나타내는 명사로 잘 나옵니다.

9 be stacked

- 쌓여 있다

기출 Boxes have been stacked on the floor.
상자들이 바닥에 쌓여 있다.

Some packages are stacked on a cart.
짐꾸러미들이 카트 위에 쌓여 있다.

만점 TIP
• be piled도 쌓여 있는 모습을 묘사할 때 쓰이며, 정답으로 자주 나옵니 다.
• 사물의 현재 상태를 묘사할 때 「be동사+p.p.」나 「have been p.p.」를 쓸 수 있는데, 둘 사이에 의미 차이는 없습니다.
• stack, pile이 명사로 쓰일 때는 '더미'라는 뜻입니다.
 a pile[stack] of dishes 접시 더미, 접시가 쌓여 있는 것

10 be propped against

- ~에 기대어 있다

기출 A ladder has been propped against the wall.
사다리가 벽에 기대어 있다.

Tools are propped against a wall.
연장들이 벽에 기대어 있다.

만점 TIP
• 동사 prop의 뜻은 '~을 (받침대 등으로) 받치다, 떠받치다'라는 뜻으로, The door is propped open.은 문에 무엇인가를 받쳐서 열어 놓은 상 태를 묘사합니다.

11 be suspended

● 매달려 있다

> **기출** Some light fixtures **are suspended** from the ceiling.
> 조명 기구가 천장에 매달려 있다.
>
> Some wires **are suspended** over a road.
> 전선이 길 위쪽에 매달려 있다.

> **만점 TIP**
> • 조명 기구나 장식용 식물이 천장에(from the ceiling) 매달려 있는 모습의 사진이 자주 출제됩니다.

12 be displayed

● 진열되어 있다

> **기출** Products **are displayed** on shelves.
> 제품들이 선반들에 진열되어 있다.
>
> Some clothing **is being displayed**.
> 옷이 진열되어 있다.

> **만점 TIP**
> • display(~을 진열하다)는 명사(진열, 전시)로도 쓰이기 때문에 진열되어 있는 모습을 be on display로 묘사할 수도 있습니다.
> Food is on display in a cafeteria.
> 구내 식당에 음식이 진열되어 있다.

13 be arranged

● 정렬되어 있다, 정리되어 있다

> **기출** Some clothes **have been arranged** for display.
> 몇몇 옷가지들이 진열되어 있다.
>
> Some merchandise **is arranged** on shelves.
> 상품이 선반들 위에 정리되어 있다.

> **만점 TIP**
> • 정렬되어 있는 형태를 나타내는 부사구도 함께 알아 두세요.
> in a circle 원형으로
> in a row 한 줄로
> in rows 여러 줄로

14 be hanging

● 걸려 있다

기출 Some artwork is hanging on a wall.
예술 작품이 벽에 걸려 있다.

Clothing is hanging on racks.
옷이 옷걸이들에 걸려 있다.

만점 TIP

• hang은 '~을 걸다'라는 동작을 나타낼 때도 쓰입니다.
  hanging up a sign 표지판을 걸고 있다
• '걸려 있다'라는 뜻의 is hanging은 is hung으로 바꾸어 쓸 수 있습니다.

15 be placed

● (~에) 놓여 있다

기출 Some potted plants have been placed outside.
화분들이 바깥에 놓여 있다.

Some spoons have been placed in a cup.
숟가락들이 컵에 놓여 있다.

만점 TIP

• be put, be positioned도 같은 의미로 쓰입니다. 물건 등이 어떤 위치에 놓여 있는 상태를 묘사하는 사진에서 정답으로 잘 나옵니다.

16 be built

● (건물, 구조물 등이) 지어져 있다, 세워져 있다

기출 A wooden structure has been built outdoors.
나무 구조물이 바깥에 세워져 있다.

A bridge has been built over a harbor.
다리가 항구 위로 건설되어 있다.

17 line

● ~에 줄지어 있다

기출 Some trees line a walkway.
나무들이 통로에 줄지어 있다.

Some windows line a brick wall.
창문들이 벽돌로 된 벽에 줄지어 나 있다.

만점 TIP

· 줄지어 있는 모습을 묘사할 때 be lined up도 자주 쓰입니다.
Picnic tables are lined up in a row.
피크닉 테이블들이 한 줄로 늘어서 있다.

18 be prepared

● 준비되어 있다

기출 A table has been prepared for a meal.
테이블에 식사 준비가 되어 있다.

A dining area has been prepared for customers.
식사 구역이 손님을 위해 준비되어 있다.

만점 TIP

· 주로 식사 준비가 된 모습을 묘사할 때 정답으로 나옵니다.

19 be set up

● 설치되어 있다, 놓여 있다

기출 A seating area has been set up outside.
좌석 구역이 바깥에 설치되어 있다.

Two computers are set up next to each other.
두 대의 컴퓨터가 나란히 설치되어 있다.

만점 TIP

· 함께 자주 쓰이는 장소/위치 부사구
side by side / next to each other 나란히
in front of a building 건물 앞에
near a wall 벽 근처에

20 be stocked

● 채워져 있다

기출 Shelves have been stocked with items.
선반들이 물건들로 채워져 있다.

Products have been stocked on shelves.
제품들이 선반들에 채워져 있다.

만점 TIP
* restock(~에 물건을 다시 채워 넣다)이라는 동사가 오답으로 자주 등장합니다.

21 be covered with

● ~로 덮여 있다

기출 The roof of a building is covered with snow.
건물 지붕이 눈으로 덮여 있다.

만점 TIP
* cover(~을 덮다)를 능동 형태로 쓴 문장이 출제된 적 있습니다.
An arched roof covers a building.
아치형 지붕이 건물을 덮고 있다.

22 be located

● ~에 위치해 있다

기출 Buildings are located along a shoreline.
건물들이 해안을 따라 위치해 있다.

An athletic field is located near some trees.
운동장이 나무들 근처에 위치해 있다.

23 **be docked**

- (배가) 정박되어 있다

  기출 Some boats **are docked** at a pier.
  보트들이 부두에 정박되어 있다.

  만점 TIP
  · 배가 정박되어 있는 사진 관련 어휘
  pier / dock 부두, 선창
  harbor 항구
  be docked (배가) 부두에 정박되다
  be tied to ~에 묶이다
  be secured to ~에 고정되다

24 **stop**

- 멈추어 있다

  기출 A train **has stopped** at the station.
  기차가 역에 정지해 있다.

  만점 TIP
  · 기차나 차량(vehicle) 등이 멈춰 있는 모습을 나타낼 때 stop 또는 be stopped를 씁니다.

25 **grow**

- (풀, 나무 등이) 자라다

  기출 Some trees are **growing** alongside a building. 나무들이 건물을 따라 자라고 있다.

  만점 TIP
  · 식물이나 나무가 자라는 모습을 be planted(심어져 있다)로 묘사하는 문장도 정답으로 잘 나옵니다.
  Some trees have been planted near a building.
  나무들이 건물 근처에 심어져 있다.

26 be parked

● (탈것이) 세워져 있다, 주차되어 있다

기출 Some bicycles **are parked** near a curb.
자전거 몇 대가 연석 근처에 세워져 있다.

Some vehicles **are parked** in front of a fence.
차량 몇 대가 울타리 앞에 세워져 있다.

만점 TIP

• 자전거나 차량 등이 세워져 있는 모습과 관련해 연석(curb), 차고 (garage), road sign(도로 표지판) 등의 명사가 자주 출제되니 알아 두세요.

27 be mounted

● ~이 장착되어 있다, 올려져 있다

기출 Some light fixtures **are mounted** on a wall.
조명 기구들이 벽에 붙어 있다.

만점 TIP

• be mounted는 특히 벽에 벽시계(clock)나 장식품(decorations), 화면(screen) 등이 달려 있는 모습을 묘사할 때 나옵니다.
• There is/are 구문을 이용해서 There is a clock mounted on a wall.이라고 표현한 문장도 정답으로 나온 바 있습니다.

28 be left

● 놓여 있다

기출 Dishes **have been left** in the sink.
접시들이 싱크대에 놓여 있다.

A drawer **has been left** open.
서랍이 열린 채로 있다.

만점 TIP

• 서랍이나 상자, 문 등이 열려 있는 모습을 묘사하는 be left open이 자주 출제됩니다.

29 **be scattered**

● 흩어져 있다

기출 Leaves **are scattered** on the ground.
나뭇잎들이 땅에 흩어져 있다.

만점 TIP

• 서류나 책들이 펼쳐져 있는 모습을 be spread out(펼쳐져 있다)을 써서 묘사한 문제도 여러 차례 출제되었으니 함께 알아 두세요.
Some papers are spread out on a table.
서류들이 테이블 위에 펼쳐져 있다.

30 **lie**

● 놓여 있다

기출 Some rope is **lying** on the ground.
줄이 땅에 놓여 있다.

There are some power cords **lying** on a desk. 전선이 책상 위에 놓여 있다.

만점 TIP

• 현재진행형으로 표현할 때 현재분사 lying을 씁니다.

31 **run**

● (길 등이) 뻗어 있다, 나 있다

기출 Some tracks **run** alongside a road.
트랙이 길을 따라 나 있다.

A street **runs** parallel to the water.
길이 강과 나란히 나 있다.

만점 TIP

• run을 '뛰다, 달리다'의 뜻으로만 알고 있으면 이 문장을 듣고 제대로 이해하기 어렵습니다.

32 lead to

• (길 등이) ~로 이어지다

기출 Some stairs lead to water.
계단이 강으로 이어져 있다.

A pathway leads to a parking lot.
길이 주차장으로 이어져 있다.

33 be paved

• (길이) 포장되어 있다

기출 A pathway is paved with stones.
길이 돌로 포장되어 있다.

A path has been paved with bricks.
길이 벽돌로 포장되어 있다.

만점 TIP

• 포장되어 있는 길을 pavement라고 합니다.

34 be posted

• 게시되어 있다

기출 A sign has been posted in front of a building. 표지판이 건물 앞에 게시되어 있다.

만점 TIP

• 사람이 표지판을 거는 모습을 묘사할 때는 posting a sign, hanging up a sign 등의 표현을 씁니다.

35 occupied

• 이용 중인, 점유된

기출 All the seats are occupied. 모든 좌석이 이용중이다.

만점 TIP

• 이용하지 않고 있는 상태는 unoccupied라고 합니다.
An office is unoccupied. 사무실이 비어 있다.
Some of the chairs are unoccupied.
의자들 중 일부가 비어 있다.

36 be installed

• 설치되어 있다

> **기출** A railing **has been installed** next to some stairs. 난간이 계단 옆에 설치되어 있다.

만점 TIP

· 창문, 타일, 가로등 등이 설치되어 있는 모습을 '설치되는 중이다(is being installed)'라고 묘사하는 오답이 자주 등장합니다.

37 overlook

• ~을 내려다보다

> **기출** Some skyscrapers **overlook** a park.
> 높은 건물들이 공원을 내려다보고 있다.

38 in the distance

• 멀리

> **기출** Some trees are visible **in the distance.**
> 멀리 나무들이 보인다.

만점 TIP

· 자주 출제되지는 않지만 나온 경우 정답이었습니다.

39 be separated

• 나뉘다

> **기출** Workstations **are separated** by partitions.
> 작업공간들이 파티션으로 나뉘어 있다.

40 be filled with

● ~로 가득 차 있다

[기출] A drawer **has been filled with** folders.
서랍이 폴더로 가득 차 있다.

[만점 TIP]

· '(어떤 공간이) 사람들로 가득 차 있다'를 표현할 때는 be crowded
with를 씁니다.

DAILY QUIZ

🎧 음원을 듣고 사진을 바르게 묘사한 문장을 골라보세요.

1
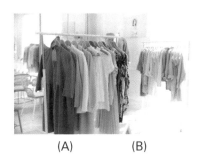

(A)　　　　　(B)

2

(A)　　　　　(B)

3

(A)　　　　　(B)

4
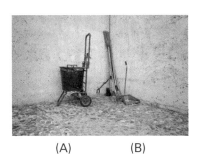

(A)　　　　　(B)

5

(A)　　　　　(B)

6

(A)　　　　　(B)

15

1 defect

- 결함, 하자, 흠

  기출 eliminate any product **defects**
  어떠한 제품 결함도 없애다

  find physical **defects**
  물리적 하자를 찾다

  Our quality assurance officer checks for any
  manufacturing ------- before products are shipped out
  to customers.

  (A) defects   (B) launches

2 output

- 생산량, 출력

  기출 high agricultural **output**
  높은 농업 생산량

  Over the past ten years, palm oil ------- from our
  factory in Indonesia has more than doubled.

  (A) quantity   (B) output

3 product

produce v. 생산하다

- 제품

  기출 a **product** that may not meet one's
  expectations
  기대에 미치지 못하는 제품

  contain a full listing of all the **products**
  모든 제품의 전체 목록을 포함하다

  Our Web site contains a full listing of all the ------- that
  we sell at our various branches throughout Europe.

  (A) consumers   (B) products

4 attendee

attend v. 참석하다
attendant n. 안내원, 종업원

- 참석자

  기출 Attendees must sign up by March 28.
  참석자들은 반드시 3월 28일까지 등록해야 한다.

  To make communication more convenient, ------- must pick up a name tag at the welcome desk.
  (A) attendees   (B) configurations

5 appliance

- 기기

  기출 be dissatisfied with the appliance
  기기에 대해 불만족하다

  boldly colored appliances
  과감한 색감의 기기들

  If you have problems with any Zeletron -------, please contact our technical support team.
  (A) alternative   (B) appliance

6 renovation

renovate v. 보수하다

- 보수 (공사), 개조

  기출 the planned renovation 계획된 보수공사
  be closed for renovation 개조를 위해 폐쇄되다

  The gym's sauna facilities will be closed for ------- and are expected to reopen in early June.
  (A) renovation   (B) magnification

7 event

- 행사, 경우, 사건

  기출 prior to the event 행사 전에
  in the event that ~하는 경우에

  In the ------- that customers wish to be removed from our mailing list, please pass their details on to our marketing team.
  (A) event   (B) display

8 participant

participate v. 참가하다

● 참가자

`기출` Workshop participants will learn how to apply
워크숍 참가자들은 ~을 응용하는 방법을 배울 것이다

limit the number of participants to 200
참가자 수를 200명으로 제한하다

At this year's Bridgewater Marathon, the number of ------- is likely to exceed 20,000.

(A) participants   (B) performers

9 stage

● 단계

`기출` in the production stage
생산 단계에서

the most time-consuming stages in
~에서 가장 시간이 많이 드는 단계

The product development team is in the final ------- of designing the outer casing of our new tablet computer.

(A) stages   (B) scenes

10 competitor

compete v. 경쟁하다
competitive a. 경쟁의
competitiveness n. 경쟁력

● 경쟁자

`기출` be well ahead of one's competitors
경쟁자들보다 월등히 앞서다

Mr. Howell's knowledge of market trends has allowed EXA Software to stay well ahead of its ------- in the industry.

(A) suppliers   (B) competitors

11 recommendation ● 추천, 권고

recommend v. 추천하다, 권하다

기출 make a recommendation for
~을 위해 추천하다

if you have a recommendation for
~에 대해 추천해주실 수 있다면

Mr. Brown made a ------- for Ms. Yeoman to be given an opportunity to lead the upcoming project.

(A) recommendation　　(B) progression

12 duty ● 근무, 의무, 직무

기출 complete regular duties
정규 근무를 완료하다

Additional duties may be assigned.
추가 근무가 배정될 수 있다.

The hotel manager insisted that the housekeeping team complete daily ------- more efficiently.

(A) competitors　　(B) duties

13 production ● 생산(량)

produce v. 생산하다
producer n. 생산자

기출 reduce our production time by 30 percent
생산 시간을 30퍼센트 줄이다

Thanks to the advanced training courses, we have managed to lower our ------- time by 25 percent.

(A) expectation　　(B) production

14 arrangement

arrange v. 준비하다, 기획하다

● 준비, 기획

기출 make an arrangement to do
~하기 위해 준비하다

make arrangements for the client
고객을 위해 기획하다

The company's founder made ------- to transport the new clients from the airport to their hotel in the downtown area.

(A) arrangements   (B) achievements

15 expectation

expect v. 기대하다, 예상하다

● 기대(치), 예상

기출 exceed one's expectations
~의 기대치를 넘다

meet one's expectations
~의 기대에 부응하다

At the Shangri-La Restaurant, we work hard to ensure the food, service, and ambience exceed your -------.

(A) demonstrations   (B) expectations

16 confirmation

confirm v. 확인해주다

● 확인(증)

기출 serve as confirmation of
~의 확인증으로서 기능하다

await one's confirmation of
~의 확인을 기다리다

If you wish to cancel the annual maintenance service, you must provide written ------- to our client support team.

(A) confirmation   (B) termination

17 regulation

regulate v. 규정하다, 규제하다

- 규정, 규제, 규칙

  기출 follow the regulations
  규정들을 준수하다

  All businesses must follow the ------- listed in the government's Greener Future handbook.

  (A) advantages   (B) regulations

18 warranty

warrant v. 보증하다

- 보증 (기한)

  기출 extend the warranty on
  ~에 대한 보증 기한을 연장하다

  include an extended warranty
  연장된 보증 기한을 포함하다

  By registering your product on our Web site, you can extend the three-year ------- on your laptop computer.

  (A) warranty   (B) supply

19 authority

authorize v. 허가하다, 승인하다

- 권한, 전문가, 당국자

  기출 have the most authority on the committee
  위원회에서 가장 많은 권한을 가지고 있다

  While Mr. Jacobs is away at the conference, the assistant manager, Ms. Dawkins, has the most ------- in the office.

  (A) permission   (B) authority

20 aspect

● 측면, 양상, 외관

기출 the most challenging **aspect** of
~의 가장 어려운 측면

apply to every **aspect** of marketing
마케팅의 모든 측면에 적용되다

This staff orientation will cover every ------- of employment at Sirius IT Solutions.

(A) aspect   (B) reference

21 technician

technically ad. 기술적으로

● 기술자, 전문가

기출 **technicians** trained in
~에서 훈련받은 기술자들

an experienced **technician**
숙련된 전문가

Only a highly skilled ------- would be able to repair the manufacturing robot within two days.

(A) technician   (B) generator

22 analysis

analyst n. 분석가
analyze v. 분석하다

● 분석

기출 the **analysis** of monthly sales figures
월간 매출에 대한 분석

according to the **analysis**
분석에 따르면

The ------- of staff attendance figures is essential to ensuring that annual productivity goals are reached.

(A) destination   (B) analysis

23 **means**

- 수단, 방법

  기출 the preferred **means** for
  ~에 대해 선호되는 수단

  operate by **means** of GPS technology
  GPS 기술에 의해 작동하다

  Teleconferencing is an effective ------- of conducting discussions between colleagues based all over the world.

  (A) technique   (B) means

24 **consideration**

considerate a. 사려깊은, 배려하는

- 고려, 배려

  기출 take A into **consideration**
  A를 고려하다

  show **consideration** for A
  A를 배려하다

  The building manager will take tenants' opinions into ------- when deciding how to use the rooftop area.

  (A) consideration   (B) participation

25 **factor**

- 요인, 요소

  기출 based on a number of **factors**
  많은 요인들에 근거하여

  a key **factor** in
  ~에서의 중요한 요소

  The host city for the sporting event was chosen based on several -------, including infrastructure and public safety.

  (A) factors   (B) portions

26 completion

complete a. 완전한
v. 완료하다
completely ad. 완전히

● 완료, 완성

기출 in the completion of an education degree
학위 과정의 완료에

upon completion of program requirements
프로그램의 요건을 충족한 후에

Upon ------- of the probation period, successful
employees will be provided with a full-time contract.

(A) admission (B) completion

27 exception

except v. 예외로 하다
prep. ~을 제외하고는
exceptional a. 예외적인

● 예외, 제외

기출 make an exception
예외를 두다

with one exception
하나를 제외하고

Almost all board members approved the proposal to
relocate to Texas, with the only ------- being Mr. Tasker.

(A) separation (B) exception

28 consultation

consult v. 상담하다
consultant n. 상담사

● 상담

기출 will be unavailable for consultation
상담을 이용할 수 없을 것이다

complimentary consultation
무료 상담

The payroll manager will be available for ------- on
payroll-related issues after 4 PM every day this week.

(A) reputation (B) consultation

29 accordance

accord v. 일치하다, 조화하다
accordingly ad. 그에 맞춰, 그리
하여

● 일치, 합의, 조화

기출 in accordance with the company guidelines
회사 안내지침에 따라서

It is crucial that the extension of our head office
be constructed in ------- with the city's building
regulations.

(A) accordance   (B) regards

30 nomination

nominate v. (후보로) 지명하다
nominee n. 지명자, 후보

● (수상) 후보, 지명

기출 nominations for Employee of the Year award
올해의 직원상의 후보들

------- for the Best Film of the Year award will be
considered by a panel consisting of 25 noted film
critics.

(A) Performances   (B) Nominations

31 confidence

confident a. 자신감 있는, 확신하
는

● 자신감, 확신

기출 express confidence in
~에 대한 자신감을 표하다

have confidence in one's ability
~의 능력에 대해 확신을 가지다

Ross Ogilvie's talk at Sala Technology's year-end
banquet increased employees' ------- in the company's
success.

(A) assertion   (B) confidence

32 reminder

remind v. 상기시키다

- 상기시키는 것, 알림

  기출 This is just a reminder.
  이것은 그저 상기시켜드리는 글입니다.

  send A an e-mail reminder
  A에게 이메일 알림을 보내다

  This is a ------- that your parking section has been changed from D5 to E3.
  (A) request　　　　　(B) reminder

33 preparation

prepare v. 준비하다

- 준비

  기출 in preparation for
  ~을 준비하면서, ~에 대비해

  In ------- for the grand opening event, the owners of the Starburst Mall are sending invitations to local celebrities.
  (A) presentation　　　　(B) preparation

34 precaution

- 예방 조치, 조심, 경계

  기출 take every precaution to ensure that
  ~라는 것을 확실히 하기 위해 모든 예방 조치를 취하다

  safety precautions
  안전 예방 조치

  BC Hiking Expeditions takes every ------- to ensure that participants stay properly hydrated and free from injury.
  (A) precaution　　　　(B) advice

35 **component**

● 구성 요소, 부품

기출 central **component** of the economy
경제의 중심이 되는 구성 요소

Worn-out **components** can be replaced easily.
닳은 부품은 쉽게 교체될 수 있다.

Celebrity endorsement is a primary ------- of the company's global marketing strategy.

(A) component   (B) policy

36 **patience**

patient a. 인내심 있는, 참을성 있는

● 인내(심), 참을성

기출 We appreciate your **patience**.
저희는 귀하의 인내(심)에 감사드립니다.

Thank you for your **patience**.
귀하의 참을성에 감사드립니다.

While the swimming pool is closed for cleaning, we appreciate your ------- and encourage you to enjoy the hotel's other amenities.

(A) recommendation   (B) patience

37 **congestion**

● 정체, 혼잡

기출 avoid **congestion** on major roads
주요 도로에서의 정체를 피하다

The proposed widening of Fourth Avenue would drastically reduce ------- on downtown roads.

(A) congestion   (B) direction

38 connection

connect v. 연결하다, 접속하다
connected a. 연결된

● 연결(성), 접속, 관계

기출 create a strong connection between A and B
A와 B 사이에 강한 연결성을 만들다

give A a connection with B
A에게 B와의 연결성을 주다

The art critic noted a firm ------- between Paul
Noonan's work and that of Luca Bergoni.

(A) development　　　　(B) connection

39 shortage

● 부족 (현상), 결핍

기출 face a serious shortage of
~의 심각한 부족에 직면하다

because of a shortage of
~의 부족 때문에

As the cost of importing oil continues to soar,
motorists in Europe should prepare for a major -------
of fuel.

(A) shortage　　　　(B) exaggeration

40 presence

present a. 출석한, 현재의

● 출석, 존재(감)

기출 request your presence at a meeting
귀하의 회의 출석을 요청하다

reestablish its presence in
~에서의 존재감을 재확립하다

Mr. Barker has requested your ------- at the press
conference that will be held at 3 o'clock this afternoon.

(A) occurrence　　　　(B) presence

DAILY QUIZ

단어와 그에 알맞은 뜻을 연결해 보세요.

1 completion   •

2 production   •

3 accordance   •

• (A) 완료, 완성

• (B) 일치, 합의, 조화

• (C) 생산(량)

빈칸에 알맞은 단어를 선택하세요.

4 eliminate any product -------

어떠한 제품 결함도 없애다

5 This is just a -------.

이것은 그저 상기시켜드리는 글입니다.

(A) renovation
(B) reminder
(C) output
(D) defects

6 be closed for -------

개조를 위해 폐쇄되다

앞서 배운 단어들의 뜻을 생각하면서, 다음 문제를 풀어보세요.

7 All newly installed Electra boilers come with an extended ------- to cover technical faults.

(A) record
(C) budget

(B) operation
(D) warranty

8 Mayor Buchanan prefers small-scale public forums because they help her foster a better ------- with local constituents.

(A) suggestion
(C) profession

(B) connection
(D) policy

1   notification

notify v. 알리다

● 통지, 알림

[기출] send a written **notification** of one's plan
~의 계획에 대해 서면 통지를 보내다

Property renters who do not wish to renew their lease must send a written ------- to the landlord.

(A) introduction   (B) notification

2   consequence

consequently ad. 그 결과, 따라서

● 결과

[기출] as a **consequence** of
~의 결과로서

Mr. Olback has seen sales of his music album rise as a ------- of his appearance on a popular podcast.

(A) timing   (B) consequence

3   pressure

press v. 누르다, 압박하다

● 압박, 압력

[기출] be under a lot of **pressure** to get
~을 얻기 위해 많은 압박 하에 있다

increasing **pressure** to do
~해야 한다는 증가하는 압박

Mr. Dyer is under ------- to fill ten positions before the fast food outlet opens next Monday.

(A) difficulty   (B) pressure

4 portion
● 부분, 몫

기출 a major portion of the shopping mall's design
쇼핑몰 디자인의 주요 부분

a portion of all sales
모든 매출의 한 부분

A ------- of all proceeds from ticket sales for music festivals will be donated to charity.

(A) quality　　　　　(B) portion

5 interruption
interrupt v. 중단시키다, 방해하다
interrupted a. 가로막힌, 중단된

● 중단, 방해

기출 a brief interruption in
~의 일시적인 중단

avoid possible interruption of your service
혹시 있을지 모르는 서비스 중단을 피하다

Due to scheduled maintenance, there will be a brief ------- in the office's Internet connection at 11 AM tomorrow.

(A) statement　　　　　(B) interruption

6 investigation
investigate v. 조사하다, 수사하다

● 조사, 수사

기출 a thorough investigation
철저한 조사

conduct an investigation into
~에 대한 수사를 실시하다

A government agency recently carried out an ------- into Wiltshire-Poole Trading Inc.

(A) investigation　　　　　(B) exploration

7 element

- 요소

  기출 other **elements** of Japan's infrastructure
  일본의 사회 기반 시설의 다른 요소들

  the basic **elements** of relationships
  관계의 기본 요소

  The market research group will consider the design, functionality, and other ------- of the new product.

  (A) elements   (B) measurements

8 seating

- 좌석

  기출 but **seating** is limited to 400 people
  좌석이 400명으로 제한되어 있지만

  a change in the **seating** policy
  좌석 정책의 변경

  The food at Bella Bistro has received much praise, but ------- is limited to 15 diners at a time.

  (A) seating   (B) permission

9 enhancement

enhance v. 향상시키다, 강화하다

- 향상, 강화

  기출 **enhancement** to the landscape
  조경의 향상

  The graphic design consultant believes that ------- to our Web site could significantly boost our online sales.

  (A) continuations   (B) enhancements

10 proximity

- 인접(성), 근접

기출 because of its proximity to shopping malls
쇼핑몰들과의 인접성 때문에

Due to its ------- to the Clearmont Convention Center, the Iris Hotel is a popular choice for business travelers.

(A) proximity　　　　(B) availability

11 observation

observe v. 관찰하다, 준수하다
observance n. 준수

- 관찰, 견해

기출 observations on children's behavior
아이들의 행동에 대한 관찰

Dr. Laing's ------- on the breeding habits of mountain gorillas were published in the latest issue of *Bioscience Monthly*.

(A) observations　　　　(B) standards

12 admiration

admirable a. 감탄할 만한, 훌륭한

- 경의, 존경, 감탄

기출 express admiration for ~에 대해 경의를 표하다

The baseball players often express ------- for their head coach who has maintained an unbeaten record.

(A) reward　　　　(B) admiration

13 obligation

obligate v. ~에게 의무를 지우다

- 의무, 책임

기출 have no obligation to do
~할 의무가 없다

acknowledge our obligation to do
~할 우리의 책임을 인식하다

Part-time workers have no ------- to attend the monthly company meeting, but it is still strongly recommended.

(A) obligation　　　　(B) engagement

14 perspective

● 관점, 전망

기출 have a unique perspective on
~에 대한 특이한 관점을 지니다

King Burger's COO has a unique ------- on the business because he started working at the company as a teenager.

(A) quality   (B) perspective

15 sequence

● 순서, 배열

기출 the proper sequence of steps
올바른 조치 순서

the sequence of the day's events
당일 행사 순서

The correct ------- of numbers must be entered on the keypad in order to gain access to the building's security office.

(A) direction   (B) sequence

16 possession

possess v. 소유하다

● 소유물, 재산

기출 personal possessions
개인 소유물

return one's possessions as quickly as possible
~의 재산을 가능한 한 빠르게 돌려주다

A new modem will be in your ------- within 24 hours, and our technicians will install it free of charge.

(A) possession   (B) recognition

17 **combination**

combine v. 통합하다
combined a. 통합된

- 통합, 조합

  기출 in **combination** with other preventive measures
  다른 예방 조치들과 함께 통합하여

  Mario Alvaro's latest business venture is a ------- of a restaurant and a movie theater.

  (A) cooperation   (B) combination

18 **evidence**

evident a. 명백한
evidently ad. 명백하게

- 증거

  기출 be **evidence** of the growth
  성장의 증거이다

  provide verifiable **evidence**
  증명할 수 있는 증거를 제시하다

  Those applying for the position should submit a portfolio so that they can show ------- that they have the necessary skills.

  (A) foundation   (B) evidence

19 **effect**

effective a. 효과적인
effectively ad. 효과적으로

- 효력, 효과

  기출 come into **effect** (on)
  (~에 대해) 효력이 발생하다

  in **effect**
  효력이 있는, 사실상

  Regulations prohibiting the sharing of customer information between different businesses will come into ------- this year.

  (A) effect   (B) outcome

20 distribution

distribute v. 보급하다, 배포하다

• 유통, 보급, 배포

기출 involved in the manufacturing and distribution
제조와 유통에 관여된

an energy distribution plan
에너지 보급 계획

Alberta Oil is installing new pipelines throughout Canada over the next five years to improve the domestic ------ network.

(A) assortment   (B) distribution

21 specification

specify v. 구체화하다, 명시하다
specified a. 명시된

• 상세 요건, 명세서

기출 contains the style specifications for
~에 대한 스타일 상세 요건들을 포함하다

Our Web site clearly displays the size and technical ------- for all EZ Electronics kitchen appliances.

(A) incidents   (B) specifications

22 restriction

restrict v. 제한하다

• 제한, 제약

기출 inform A about the restriction imposed on
~에 부과된 제한에 대해 A에게 통지하다

government restrictions on the import of
~의 수입에 가해진 정부의 제한

Trade ------- imposed on the importing of certain foreign goods were put in place to boost the domestic economy.

(A) restrictions   (B) authorities

23 disruption

disrupt v. 방해하다, 중단시키다
disruptive a. 방해하는, 지장을 주는

● 장애, 중단

기출 a temporary disruption in our order system
저희 주문 시스템에 대한 일시적 장애

apologize to its customers for the disruption in Internet service
인터넷 서비스에 대한 중단으로 자사 고객들에게 사과하다

Albion Rail Company apologized to its passengers for the recent ------- in train service caused by track maintenance.

(A) irritation   (B) disruption

24 inspiration

inspire v. 영감을 주다, 자극하다

● 영감, 자극

기출 the inspiration for the design
디자인에 대한 영감

Ronald Ives paints watercolor pictures with ------- from the urban landscape of London.

(A) apprehension   (B) inspiration

25 loyalty

loyal a. 충성스러운

● 충성(도)

기출 build customer loyalty
고객 충성도를 형성하다

To strengthen customer -------, Axon Office Supplies is introducing a membership program with several benefits.

(A) brands   (B) loyalty

26 **case**

in case that conj. ~경우에 대비
하여
in case of prep. ~의 경우

- 경우, 사례

기출 in the rare case that
~라는 희귀한 경우에

as was the case with
~의 경우에 그랬던 것처럼

As was the ------- with Haitsu Motors' hybrid car, its first fully electric car received excellent reviews all over the world.

(A) reason　　　　　　(B) case

27 **motivation**

motivate v. 동기를 부여하다

- 동기 (부여), 의욕

기출 sustain employee motivation
직원 동기 부여를 지속시키다

As the head of our Personnel Department, one of Mr. Hawke's duties is improving worker -------.

(A) motivation　　　　　(B) consequences

28 **enthusiasm**

enthusiastic a. 열정적인
enthusiastically ad. 열정적으
로
enthusiast n. 애호가, 열성가

- 열정, 열광

기출 greet guests with enthusiasm
열정으로 손님들을 맞이하다

We'd like to make an excellent first impression on those visiting our restaurant, so please greet all diners with -------.

(A) achievement　　　　(B) enthusiasm

29 reliability

reliable a. 믿을 수 있는

- 신뢰도, 신뢰성

  기출 emphasize the reliability of its products
  자사 제품의 신뢰도를 강조하다

  In its promotional materials, Zen Full Fiber emphasizes the speed and ------- of its wireless Internet service.
  (A) confidence　　　(B) reliability

30 structure

structural a. 구조적인

- 구조, 시설, 건물

  기출 the basic structure 기본 구조

  To celebrate the founding of the city, the mayor has approved the construction of a commemorative -------.
  (A) structure　　　(B) element

31 convenience

convenient a. 편리한
conveniently ad. 편리하게

- 편의, 편리

  기출 for your convenience
  귀하의 편의를 위해

  at your earliest convenience
  귀하께서 편하신 가장 빠른 시간에

  For your -------, we have attached an electronic copy of your invoice to this e-mail.
  (A) convenience　　　(B) usefulness

32 durability

durable a. 내구성이 좋은, 오래 가는

- 내구성

  기출 for extra durability 추가적인 내구성을 위해
  be designed for durability 내구성을 위해 고안되다

  Many homeowners are opting to have Truegrain hardwood flooring installed because of its -------.
  (A) enlargement　　　(B) durability

33 caution

cautious a. 주의하는
cautiously ad. 주의하여

● 주의

기출 use extreme caution
극도로 주의하다

Hotel guests are advised to use ------- when walking through the nearby forest as there are many steep drops.

(A) challenge　　　　(B) caution

34 evaluation

evaluate v. 평가하다

● 평가

기출 request a full evaluation of the efficiency of
~의 효율성에 대한 전체적인 평가를 요청하다

sent A samples of products for evaluation
평가를 위해 상품들의 견본을 A에게 보내다

The head of the National Aviation Authority requested a thorough ------- of the safety of the new aircraft.

(A) option　　　　(B) evaluation

35 revision

revise v. 수정하다, 개정하다

● 수정, 개정

기출 make the necessary revisions
필요한 수정을 하다

Please submit your article to Ken Grimshaw in the editing team in case he wishes to make any additional -------.

(A) revisions　　　　(B) proficiencies

36 comparison

compare v. 비교하다, 대조하다

● 비교, 대조

기출 a comparison of two brands
두 개의 브랜드의 비교

A ------- of Speedy Eats and Go Grub showed that the average delivery time is far less with Speedy Eats.

(A) difference   (B) comparison

37 delegation

delegate v. 대표로 파견하다, 권한을 위임하다

● 대표단

기출 a delegation of officials from the research center
연구 센터에서 온 공무원 대표단

A ------- from the National Athletics Committee will assess the suitability of Clarkson Stadium.

(A) revision   (B) delegation

38 relocation

relocate v. 이전하다

● 이전, 재배치

기출 after the relocation
이전 후에

the pros and cons of relocation
이전의 찬반 양론

Following the -------, Sarter Furnishings' headquarters will be situated about 20 kilometers outside New York City.

(A) relocation   (B) residence

Day 03

Part 5, 6 명사④

39 attention

attentive a. 주의를 기울이는, 배
려하는
attentively ad. 주의 깊게

● 주의, 집중

기출 be brought to one's attention
~의 주의를 끌다

immediate attention
즉각적인 집중

Editor positions at Guild Publications require an eye
for creativity and excellent ------- to detail.

(A) demand　　　　　　(B) attention

40 extension

extend v. (기한을) 연장하다

● (기한) 연장

기출 be unable to receive the extension
기한 연장을 받을 수 없다

The deadline for the sales report is this Friday because
we were not granted the ------- we requested.

(A) extension　　　　　　(B) funding

DAILY QUIZ

단어와 그에 알맞은 뜻을 연결해 보세요.

1 extension •   • (A) 주의

2 caution •   • (B) 내구성

3 durability •   • (C) (기한) 연장

빈칸에 알맞은 단어를 선택하세요.

4 at your earliest -------
   귀하께서 편하신 가장 빠른 시간에

5 acknowledge our ------- to do
   ~할 우리의 책임을 인식하다

6 in the rare ------- that
   ~라는 희귀한 경우에

(A) case
(B) investigation
(C) obligation
(D) convenience

앞서 배운 단어들의 뜻을 생각하면서, 다음 문제를 풀어보세요.

7 The Carmen EXPO Center is a perfect venue for business conventions due to its ------- to several 5-star hotels.

(A) accomplishment   (B) proximity
(C) competence   (D) opposition

8 At Prost Publishing Co., we greatly value positive attitudes in our employees, so please try to approach all tasks with -------.

(A) comparison   (B) allocation
(C) achievement   (D) enthusiasm

1 access to

● ~에 대한 접근(권), ~의 이용(권)

기출 **access to** patient records
환자 기록에 대한 접근

access to the front entrance
정문의 이용

Only full members are granted ------- to the spa and sauna facilities at the swimming pool.

(A) access   (B) approval

2 interest in

● ~에 대한 관심

기출 have **interest in** the new line of
~의 새로운 제품군에 대한 관심을 가지다

Our diners have indicated great ------- in the introduction of a lunchtime buffet.

(A) interest   (B) attention

3 adjustment to

● ~에 대한 조정(사항)

기출 **adjustment to** office supplies
사무용품에 대한 조정(사항)

Please inform Mr. Martin of any ------- to your work availability for the month of December.

(A) adjustments   (B) commitments

4 in advance • 미리

기출 contact A in advance A에게 미리 연락하다
be reserved in advance 미리 예약되다

Should there be any changes to the ferry schedule, we
will contact you in -------.
(A) advance   (B) reply

5 alternative to • ~에 대한 대안

기출 alternative to the name brand
유명 브랜드에 대한 대안

The low-cost, plant-based fiber has proven to be an
excellent ------- to traditional clothing materials.
(A) choice   (B) alternative

6 in agreement • 합의하여, 동의하여

기출 be in agreement about the agenda
그 안건에 대해 합의하다

Mr. Hong and Ms. Shipperley are in ------- about the
location for this year's company workshop.
(A) agreement   (B) fulfillment

7 approach to • ~에 대한 접근법

기출 approach to resolving problems
문제를 해결하는 것에 대한 접근법

Mr. Traynor's effective ------- to motivating his
employees has resulted in a 20 percent increase in
productivity.
(A) gathering   (B) approach

8 in conjunction with

~와 함께

기출 be used **in conjunction with** other discounts
다른 할인과 함께 사용되다

This voucher may not be used in ------- with any gift certificates or discount codes.

(A) agreement   (B) conjunction

9 at the request of

~의 요청에 따라

기출 **at the request of** the manager
부장님의 요청에 따라

At the ------- of the accounting manager, workers must not use company credit cards for personal expenses.

(A) necessity   (B) request

10 by means of

~을 통해, 사용해서

기출 **by means of** member referrals
회원 소개를 통해

The data on local recreational services was collected primarily by ------- of customer surveys.

(A) claims   (B) means

11 **change in**

• ~의 변경

> **기출** a **change in** the processing of orders
> 주문 처리의 변경
>
> **changes in** editorial staff
> 편집 직원의 변경

A minor ------- in the company's inventory system will be covered during the meeting on Wednesday morning.

(A) change   (B) return

12 **contributions to**

• ~에 대한 공헌

> **기출** many **contributions to** the local community
> 지역 사회에 대한 많은 공헌
>
> **contribution to** public health efforts
> 공중 보건 활동에 대한 공헌

Mr. Anderson will be recognized by the town's mayor for his valuable ------- to the community.

(A) thoughts   (B) contributions

13 **disruption in**

• ~의 중단

> **기출** recent **disruption in** Internet service
> 최근 인터넷 서비스의 중단

Galveston Fresh Produce apologized to its customers in Penrith for the recent ------- in its delivery service in the region.

(A) disruption   (B) outbreak

Day 04

Part 5, 6 명사 + 전치사 콜로케이션

47

14 **expansion into** ● ~로의 확장

기출 recent **expansion into** overseas markets
해외 시장으로의 최근 확장

expansion into the European market
유럽 시장으로의 확장

Due to its recent ------- into European markets, Erasmus Motors has seen its profits almost double.

(A) expansion   (B) qualification

15 **confidence in** ● ~에 대한 신뢰

기출 have **confidence in** one's managers
~의 관리자들에 대한 신뢰가 있다

confidence in one's ability to handle local matters
지역 사안을 다룰 능력에 대한 신뢰

Based on the feedback forms that have been submitted, most of our workers have ------- in their branch supervisors.

(A) motivation   (B) confidence

16 **improvements to** ● ~에 대한 개선(사항)

기출 recommend **improvements to** the employee manual
직원 안내서에 대한 개선을 권고하다

The interior designer recommended some ------- to the office space we recently purchased.

(A) improvements   (B) exchanges

17 in compliance with

- ~을 준수하여

  기출 in compliance with environmental standards
  환경 기준을 준수하여

  in compliance with nutritional guidelines
  영양학적 지침을 준수하여

  All manufacturing processes must be in ------- with government health and safety standards.

  (A) arrangement   (B) compliance

18 in error

- 잘못하여, 오류로

  기출 if you received the message in error
  그 메시지를 잘못 받았다면

  If you believe you have received this overdue payment notification in -------, please contact our customer accounts team.

  (A) mistake   (B) error

19 increase in

- ~의 증가

  기출 due to an increase in the demand for
  ~에 대한 수요의 증가로 인해

  a 50 percent increase in profits
  수익의 50퍼센트 증가

  Due to an ------- in the cost of packaging materials, Seaman Fine Foods has had no choice but to raise its prices.

  (A) increase   (B) effort

Day 04 | Part 5, 6 명사 + 전치사 콜로케이션

20 proximity to ● ~와의 인접성

> `기출` because of its proximity to the airport
> 공항과의 인접성 때문에
>
> because of its proximity to shopping malls
> 쇼핑몰들과의 인접성 때문에

Wayfarer Inn is an ideal place to stay for tourists because of its ------- to the train station.

(A) competence   (B) proximity

21 initiative in ● ~의 주도권

> `기출` take the initiative in solving problems
> 문제를 해결하는 것의 주도권을 가지다
>
> initiative in supporting the implementation of
> ~의 시행을 지원하는 것의 주도권

As a branch manager, Ms. Laing must take the ------- in delegating office tasks.

(A) initiative   (B) advice

22 investigation into ● ~에 대한 조사

> `기출` begin investigation into using alternative components
> 대체 부품을 사용하는 것에 대한 조사를 시작하다

Board members at Crick Software have begun ------- into merging with a local mobile application developer.

(A) investigations   (B) modifications

23 modifications to • ~에 대한 변경(사항)

> 기출 **modifications to** the banquet menus
> 연회 메뉴에 대한 변경

Any ------- to the tour itinerary will be posted on our Web site immediately.

(A) reactions   (B) modifications

24 persistence in • ~에 있어서의 인내, 고집

> 기출 require **persistence in** the face of obstacles
> 장애물의 직면에 있어서의 인내를 요구하다

The founder's ------- in the face of financial problems eventually helped him to establish a successful textile company.

(A) frequency   (B) persistence

25 revisions to • ~에 대한 개정(사항), 수정(사항)

> 기출 all **revisions to** the books
> 그 책들에 대한 모든 개정사항
>
> **revisions to** the rental agreement
> 대여 계약서에 대한 수정사항

The clients have asked for ------- to the blueprints for the entertainment complex on South Road.

(A) revisions   (B) drawings

26 in response to

● ~에 대한 응답으로

기출 in response to complaints from customers
고객들로부터의 불만에 대한 응답으로

in response to increased competition
증가된 경쟁에 대한 응답으로

In ------- to complaints from our gym members, we have decided to offer a wider range of fitness classes.

(A) effort   (B) response

27 feedback on

● ~에 대한 피드백, 의견

기출 feedback on the new Web site
새로운 웹 사이트에 대한 피드백

feedback on the recent conference
최근 컨퍼런스에 대한 의견

The organizers of the Summer Solstice music festival are seeking ------- on the amenities provided at the event.

(A) quality   (B) feedback

28 in storage

● 입고 중인, 보관 중인

기출 keep 2 million kilograms of steel in storage
철근 2백만 킬로의 입고를 유지하다

During the transition to our new offices in Baileyville, several pieces of equipment will be held in -------.

(A) delivery   (B) storage

29 requirement for

● ~에 대한 필수요건

기출 a key **requirement for** businesses
사업에 대한 중요한 필수요건

meet the **requirement for** the position
그 직책에 대한 필수요건을 충족하다

An important ------- for those seeking employment in sales is the ability to communicate effectively.

(A) requirement   (B) impact

30 connection with

● ~와의 연결(성)

기출 **connection with** audience members
청중들과의 연결성

Actor Dan Hargraves enjoys attending conventions as it gives him a chance to feel a ------- with his fans.

(A) connection   (B) observation

31 in recognition of

● ~을 인정하는

기출 **in recognition of** his outstanding service
그의 뛰어난 서비스를 인정하는

in recognition of her contribution to
~에 대한 그녀의 공헌을 인정하는

Professor Wyatt received the Stanton Award in ------- of his remarkable contribution to the field of education.

(A) recognition   (B) suggestion

Day 04 | Part 5, 6 명사 + 전치사 콜로케이션

32 search on

● ~에 대한 조사

기출 conduct a **search on** ~에 대한 조사를 실시하다

Ms. Varney will conduct a ------- on the most ideal locations for her new cosmetics store.

(A) search   (B) decision

33 in keeping with

● ~을 준수하여

기출 **in keeping with** company policy
회사 정책을 준수하여

In ------- with government noise regulation guidelines, work on the construction site must stop at 5 PM.

(A) keeping   (B) showing

34 with care

● 주의 깊게, 신중히

기출 must be handled **with care**
반드시 주의 깊게 다뤄져야 하다

The cleaning products may irritate your skin and must therefore be handled with -------.

(A) maintenance   (B) care

35 under the supervision of

● ~의 감독 하에, 관리 하에

기출 **under the supervision of** Dr. Aileen
에일린 박사의 감독 하에

As a result of Ms. Corr's absence, the HR department has been under the ------- of Max Bayliss for the past two months.

(A) sight   (B) supervision

36 in preparation for

- **~에 대비하여**

  기출 **in preparation for** the installation of
  ~의 설치에 대비하여

  in preparation for the upcoming inspection
  곧 있을 점검에 대비하여

  In ------- for the upcoming business awards ceremony,
  Mr. Edwards has been practicing his speech.

  (A) presentation   (B) preparation

37 under the terms of

- **~의 조건 하에서**

  기출 **under the terms of** this agreement
  이 계약의 조건 하에서

  Under the ------- of this agreement, you must notify us
  at least three days in advance if you wish to cancel
  your subscription.

  (A) words   (B) terms

38 decline in

- **~의 감소**

  기출 **decline in** revenue 수익의 감소
  decline in its stock price 주가의 감소
  decline in sales of ~의 매출의 감소

  Seraphim Corporation's decision to cancel its
  advertising campaign led to a ------- in its overall
  profits.

  (A) market   (B) decline

39 in jeopardy

● 위험에 처한

기출 put the contract **in jeopardy**
계약을 위험에 처하게 하다

A failure to agree on the new location of the company headquarters could put the proposed business merger in -------.

(A) jeopardy   (B) exposure

40 with enthusiasm

● 열정으로

기출 greet all guests **with enthusiasm**
열정으로 모든 투숙객들을 맞이하다

At Daytona Beach Resort, front desk staff are encouraged to greet all guests with -------.

(A) achievement   (B) enthusiasm

DAILY QUIZ

콜로케이션과 그에 알맞은 뜻을 연결해 보세요.

1 interest in • • (A) ~에 대한 관심

2 in conjunction with • • (B) ~에 대비하여

3 in preparation for • • (C) ~와 함께

빈칸에 알맞은 단어를 선택하세요.

4 in ------- with environmental standards
환경 기준을 준수하여

5 in ------- to complaints from customers
고객들로부터의 불만에 대한 응답으로

(A) response
(B) requirement
(C) compliance
(D) decline

6 meet the ------- for the position
그 직책에 대한 필수요건을 충족하다

앞서 배운 콜로케이션들의 뜻을 생각하면서, 다음 문제를 풀어보세요.

7 The supermarket's own brand of laundry detergent is an affordable ------- to the leading products on the market.

(A) range
(C) alternative
(B) exchange
(D) choice

8 Considering its ------- to the airport and bus terminal, Canton Exhibition Center is the ideal venue for the International Trade Expo.

(A) direction
(C) opposition
(B) proximity
(D) sequence

1 vital

❶ 필수적인, 매우 중요한
→ **essential**

❷ 활력이 넘치는
→ **dynamic**

The development of renewable energy technologies has played a <u>vital</u> role in reducing our dependence on fossil fuels.

(A) essential   (B) dynamic

재생 가능 에너지 기술의 개발은 화석 연료에 대한 의존도를 줄이는 데 중요한 역할을 했습니다.

2 distinction

❶ 명성, 탁월함
→ **reputation**

❷ 다름, 차이, 대조
→ **difference**

The company gained a global <u>distinction</u> for its innovative product, revolutionizing the food industry and attracting investors from around the world.

(A) reputation   (B) difference

그 기업은 혁신적인 제품으로 세계적인 명성을 얻었는데, 이 제품이 식품 업계를 혁신시키고 세계 곳곳으로부터 투자자를 유치했습니다.

3 carry

❶ (물건을) 재고로 가지고 있다, 취급하다
→ **keep in stock**

❷ 이동시키다
→ **transport**

I've checked every grocery store in town, but Holt's Ice Cream seems to only be <u>carried</u> by Foodland.

(A) kept in stock   (B) transported

제가 도시에 있는 모든 식료품점을 확인해 봤지만, 홀트 아이스크림은 오직 푸드랜드에서만 취급되고 있는 것 같습니다.

4 just

❶ 정말, 딱
→ **exactly**, **quite**

❷ 오직, 단지
→ **only**

❸ 이제 막, 방금
→ **recently**

The new bookstore, filled with an extensive collection of unique and antique books, <u>just</u> opened on the second floor.

(A) exactly   (B) recently

독특하고 고풍스러운 서적들로 가득한 새 서점이 2층에 이제 막 문을 열었습니다.

5 as

❶ ~처럼
→ **like**

❷ ~동안
→ **while**

❸ ~ 때문에
→ **because**

The workers weave the blankets by hand <u>as</u> the company wants to maintain the traditional authenticity of its products.

(A) while   (B) because

직원들은 수작업으로 담요를 짜서 만드는데, 회사가 자사의 제품에 대해 전통적인 방식의 진정성을 유지하고 싶어 하기 때문입니다.

6 credit

❶ (지불해야 할) 돈
→ **money**

❷ 인정, 칭찬
→ **recognition**, **praise**

Mr. Reynolds deserves all the <u>credit</u> for helping us meet the deadline; he put in a lot of extra hours over the past couple of weeks.

(A) money   (B) recognition

레이놀드 씨는 우리가 마감기한을 지킬 수 있도록 도와주신 것에 대해 모든 인정을 받을 자격이 있습니다; 그분은 지난 몇 주 동안 많은 추가 시간을 쏟았습니다.

7 extend

❶ 연장하다, 늘리다
→ **prolong**

❷ (사업 · 영향력을) 확대하다
→ **increase**

❸ 주다, 베풀다
→ **offer**

First of all, I would like to **extend** a welcome to our guests from Wilson Manufacturing, who will soon be working closely with us on several new projects.

(A) prolong   (B) offer

우선, 저는 윌슨 매뉴팩처링 사에서 오신 저희 손님들께 환영의 인사를 전해 드리고자 하며, 이분들은 곧 여러 새로운 프로젝트에 대해 저희와 긴밀히 작업하시게 될 예정입니다.

8 mark

❶ 표시하다
→ **sign**

❷ 기념하다
→ **celebrate**

Avoid Washington Avenue tomorrow morning since there will be a parade to **mark** the 150th anniversary of the town's foundation.

(A) sign   (B) celebrate

도시 설립 150주년을 기념하는 퍼레이드가 있을 예정이므로 내일 아침엔 워싱턴 애비뉴를 피하도록 하세요.

9 figure

❶ 인물
→ **person**

❷ 형체
→ **shape**

❸ 액수
→ **amount**

After a long period of poor sales, Treasure Hotels & Resorts finally released **figures** showing a budget surplus for the last quarter.

(A) shapes   (B) amounts

오랜 기간의 매출 부진 끝에, 트레저 호텔 앤 리조트는 지난 분기에 마침내 흑자를 보여주는 수치를 발표했습니다.

10 term

❶ 기간
→ duration

❷ 조건
→ condition

The first <u>term</u> of the online business course will last from February to May, with a final exam taking place in the last month.

(A) duration   (B) condition

온라인 비즈니스 과정의 첫 번째 학기는 2월부터 5월까지 지속될 것이며, 마지막 달에 기말고사가 실시됩니다.

11 property

❶ 소유물
→ possession

❷ 특성
→ characteristic

❸ 부지, 구내
→ location

Due to a high volume of complaints, pets are no longer allowed at this <u>property</u>.

(A) characteristic   (B) location

아주 많은 불만 사항들로 인해, 이 건물에서는 애완 동물을 기르는 것이 더 이상 허용되지 않습니다.

12 step

❶ 조치
→ action

❷ 발자국
→ footprint

❸ 단계
→ degree

In response to the recent increase in cyber threats, the IT department will take the necessary <u>steps</u> to prevent unauthorized access to sensitive data.

(A) action   (B) degree

최근 사이버 위협이 증가하는 것에 대한 대응으로, IT 부서는 민감한 데이터에 대한 무단 접근을 방지하기 위해 필요한 조치를 취할 것입니다.

13 prospect

❶ 기회, 가능성
→ opportunity

❷ 조망, 전망
→ view, scene

The internship at Rilke Technologies leads its participants to an array of exciting career <u>prospects</u>.

(A) opportunities   (B) views

릴케 테크놀로지 사의 인턴 프로그램은 참가자들을 여러 흥미로운 채용 기회로 안내합니다.

14 outstanding

❶ 우월한, 뛰어난
→ superior, exceptional, excellent

❷ 미지불의
→ not yet paid, unresolved

Grizzlebee's Diner is a nationwide franchise well known for its <u>outstanding</u> service and fantastic food.

(A) excellent   (B) unresolved

그리즐비 다이너는 뛰어난 서비스와 환상적인 음식으로 잘 알려진, 전국적인 규모의 프랜차이즈 회사입니다.

15 bear

❶ 견디다
→ endure

❷ 가지고 있다
→ carry

The banners hanging around the basketball stadium <u>bear</u> the names and logos of the teams in the eastern division.

(A) endure   (B) carry

농구 경기장 주변에 걸려 있는 현수막들은 동부 지구에 속한 팀들의 명칭과 로고들을 포함하고 있습니다.

¹⁶ **command**

❶ 정통, 능력, 구사력
→ **mastery**

❷ 지시
→ **instruction**

Whoever we elect to oversee operations at the Kyoto facility will need to have a strong <u>command</u> of the Japanese language.

(A) mastery   (B) instruction

교토의 시설물 운영을 감독하도록 우리가 선정하는 사람은 누구든지 일본어에 능통한 실력을 지니고 있어야 할 것입니다.

¹⁷ **approach**

❶ 방식
→ **method**, **manner**, **way**

❷ 진입로
→ **entrance**

Five consecutive months of low sales made it obvious that the marketing team needed to adopt a different <u>approach</u>.

(A) method   (B) entrance

5개월 연속으로 이어진 저조한 매출로 인해 마케팅 팀이 다른 접근 방법을 취할 필요가 있었다는 점이 분명해졌습니다.

¹⁸ **secure**

❶ 보호하다
→ **protect**

❷ (힘들게) 얻어 내다
→ **obtain**

❸ 고정시키다
→ **fasten**

<u>Secure</u> this group identification tag to your luggage before checking it in at the counter.

(A) protect   (B) fasten

카운터에서 체크인하시기 전에 여러분의 수하물에 이 단체 인식표를 고정시켜 두시기 바랍니다.

¹⁹ **learn**

❶ 배우다
→ **study**

❷ 알게 되다
→ **find out**

Siwon Telecom customers will be delighted to <u>learn</u> about our latest reduced rates for international calls.

(A) study   (B) find out

시원 텔레콤 고객들이 최근 인하된 자사의 국제 전화 요금에 대해 알게 되면 기뻐할 것입니다.

20 trace

❶ 베끼다, 모사하다
→ **copy**

❷ 자취를 따라가다
→ **follow**

The President's Shadow is a fascinating work of nonfiction that <u>traces</u> the early days of the United States Secret Service.

(A) copies   (B) follows

<대통령의 그림자>는 미국 비밀 수사국의 초창기를 뒤따라가보는, 매력적인 논픽션 작품입니다.

21 value

❶ 평가하다
→ **estimate**

❷ 소중하게 여기다
→ **appreciate**

Fans of folk music who <u>value</u> catchy melodies and honest lyrics should give Joe Kell's newest album a listen.

(A) estimate   (B) appreciate

귀에 잘 들어오는 멜로디와 솔직한 가사를 중요하게 여기는 포크 음악 팬들은 조 켈 씨의 최신 앨범을 한번 들어봐야 합니다.

22 clear

❶ 밝은
→ **bright**

❷ 확실한, 분명한
→ **obvious**

There is a <u>clear</u> need for a new type of battery that can power the next generation of portable electronic devices.

(A) bright   (B) obvious

차세대 휴대용 전자 기기에 동력을 공급할 수 있는 새로운 종류의 배터리에 대해 분명한 필요성이 있습니다.

23 recognize

❶ (사물이나 사람을) 알아보다
→ **identify**

❷ 공로를 인정하다, 예우하다
→ **honor**

❸ 인정하다, 받아들이다
→ **acknowledge, accept**

This award is designed to <u>recognize</u> employees who provide exceptional service to our clients.

(A) identify   (B) honor

이 상은 우리 고객들에게 뛰어난 서비스를 제공한 직원들의 공로를 인정하기 위해 만들어졌습니다.

24 cover

❶ 보도하다, 취재하다, 주제로 다루다
 → **report on**, **talk about**, **include**

❷ 덮다, 씌우다
 → **spread over**, **wrap**

❸ ~에 대한 돈을 충당하다
 → **pay for**

❹ (보험, 품질 보증서 등)으로 보장하다
 → **insure**, **protect**

All meals will be <u>covered</u> by the company, but transportation will need to be figured out individually.

(A) protected　　　(B) paid

모든 식사는 회사에서 비용을 부담할 것이지만 교통편은 개인적으로 해결해야 할 것입니다.

25 balance

❶ 균형, 안정
 → **stability**

❷ 잔액
 → **remainder**, **remaining amount**

To avoid monthly fees, a minimum <u>balance</u> of $500 must be kept in the account.

(A) stability　　　(B) remainder

월간 요금을 피하시려면, 계좌에 최소 500달러의 잔액이 있어야 합니다.

26 meet

❶ 만나다
 → **get together**

❷ (요건을) 충족시키다
 → **fulfill**, **satisfy**

Dolson Chemicals spent millions of dollars renovating its factories in order to <u>meet</u> the requirements of the new environmental protection policies.

(A) get together　　　(B) satisfy

돌슨 케미컬 사는 새로운 환경 보호 정책의 요건들을 충족시키기 위해 자사의 공장들을 개조하는 데 수백만 달러를 소비했습니다.

27 shape

❶ 형체
→ figure

❷ 상태
→ condition

After you return the equipment, an associate will check that it's in good shape before refunding your deposit.

(A) figure   (B) condition

장비를 반납하신 후에는, 예치금을 환불해 드리기 전에 직원 한 명이 그 장비의 상태가 좋은지 확인해 볼 것입니다.

28 issue

❶ 발부하다, 지급하다
→ distribute

❷ 공표하다, 보도하다
→ report

❸ 발행하다
→ publish

New parking passes will be issued to all company employees before the end of the month.

(A) distributed   (B) reported

이달 말이 되기 전에 회사의 전 직원에게 새로운 주차 출입증이 발급될 것입니다.

29 condition

❶ 환경, 상황
→ circumstances

❷ 필요 조건
→ requirement

The bus trip to Cleveland could take up to five hours, depending on traffic conditions.

(A) circumstances   (B) requirements

클리블랜드로 가는 버스 여행은 교통 상황에 따라 최대 5시간까지 걸릴 수 있습니다.

30 turn

❶ 회전하다
→ rotate

❷ 바꾸다
→ transform

The planned renovations will turn the vacant office space on the third floor into a small auditorium.

(A) rotate   (B) transform

계획된 개조 공사는 3층에 비어 있는 사무실 공간을 작은 강당으로 바꿀 것입니다.

DAILY QUIZ

밑줄 친 단어와 가장 가까운 의미를 지닌 것을 고르세요.

1

The magazine will <u>cover</u> the artist's latest exhibition in its next issue, featuring an exclusive interview as well. Readers can also look forward to a visually stunning showcase of the exhibition through vivid photographs and detailed commentary.

(A) include
(B) protect
(C) wrap
(D) insure

2

We make washers that are not only affordable and practical, but they also <u>meet</u> the energy efficiency standards for home appliances set by The Energy Policy and Conservation Act.

(A) touch
(B) satisfy
(C) please
(D) pay

3

Thank you for choosing our services for your landscaping needs. We <u>value</u> your business and are committed to delivering outstanding results that will exceed your expectations.

(A) estimate
(B) appreciate
(C) increase
(D) know

LISTENING

● **Part 1**

1.

2.

3.

4.

• Part 5

5. The cleaning robot is still in the prototype ------- and is not ready to be exhibited at this month's technology convention.

(A) portion
(B) degree
(C) stage
(D) compartment

6. National safety ------- require that all construction workers wear protective helmets inside building sites.

(A) factors
(B) subjects
(C) regulations
(D) processes

7. The results of the study showed that very few Epping residents have ------- in their local council members.

(A) honesty
(B) strength
(C) motivation
(D) confidence

8. Ms. Jensen, CEO of Walgrens Inc., is responsible for approving any ------- to the company's work policies.

(A) turns
(B) revisions
(C) shapes
(D) choices

9. When the Stockholm ------- visits our production facility, Mr. Martinez will show them how we manufacture our automobiles.

(A) deviation
(B) precision
(C) delegation
(D) translation

10. The director's latest movie uses some fundamental ------- of classic American films from the 1950s.

(A) exercises
(B) elements
(C) similarities
(D) awards

11. At the ------- of the prospective investors from China, the tour of the manufacturing plant was postponed until the following month.

(A) effect
(B) request
(C) certainty
(D) necessity

12. The owner of Iced Treats is waiting for ------- on its latest flavor of frozen yogurt.

(A) quality
(B) feedback
(C) statement
(D) conduct

• Part 6

Questions 13-16 refer to the following memo.

To: All Security Personnel
Date: August 16
RE: New Security Measures

As many of you are already aware, we have recently suffered a series of security breaches. While most didn't lead to any serious problems, the last incident almost cost us blueprints **13.** ------- several million dollars. Fortunately, we were able to recover them before they fell into the hands of our competitors. **14.** -------.

First of all, you must now scan the ID cards of everyone coming into the facility. There will be no **15.** -------. This is true even for our highest-ranking employees. Also, all computers must be checked to ensure that they have the proper security software installed. Finally, after closing time, security must check the entire facility to make sure no one is staying late without **16.** ------- permission.

Thank you in advance for your compliance.

Greg Davidson, Chief Security Officer

---

13. (A) worth
    (B) expensive
    (C) valued
    (D) priced

14. (A) It will be difficult to replace
      these documents.
    (B) Therefore, we are
      implementing a new set of
      security policies.
    (C) So, please think carefully
      before sharing information.
    (D) Thank you for your attention
      on this serious matter.

15. (A) submissions
    (B) exceptions
    (C) transactions
    (D) correlations

16. (A) write
    (B) writing
    (C) wrote
    (D) written

Questions 17-18 refer to the following article.

Argo Solutions Reaches Target

Detroit (September 7) – Argo Solutions has achieved its target of establishing computer programming workshops for those hoping to learn skills required for jobs in the technology sector. Argo specializes in creating business spreadsheet and database programs.

With the financial assistance of local governments in Detroit, Chicago, and St. Louis, several companies have set up various professional development workshops to provide opportunities for individuals to learn useful new skills. In the case of Argo Solutions, its workshops are held every Monday at its headquarters in Detroit.

"According to the terms set out by the providers of the funding, we had to provide a comprehensive learning experience that runs regularly throughout the year," said Argo Solutions CEO Leon Dolenz. "We are proud of the workshops that we now offer, which are led by some of our most experienced and skilled programmers."

In addition to joining the education initiative, the company is planning to hire around 100 new workers at its headquarters later this year, as demand for the company's products is rising sharply.

---

17. What does Argo Solutions produce?

(A) Software for business use
(B) University textbooks
(C) Laptops for local schools
(D) Market research reports

18. The word "terms" in paragraph 3, line 1, is closest in meaning to

(A) ideas
(B) durations
(C) labels
(D) conditions

정답 및 해설 p.80

Week **02**
정답 및 해설

Day 01 사물 사진 빈출 어휘

1. **(A) Clothing is hanging on racks.**
(B) Some furniture is being arranged.
(A) 옷이 옷걸이에 걸려 있다.
(B) 가구가 정리되고 있다.

어휘 clothing 옷 rack 옷걸이 arrange ~을 정리하다

2. (A) A pathway leads to a parking area.
(B) There are some mountains in the distance.
(A) 길이 주차장으로 이어져 있다.
(B) 멀리 산이 있다.

어휘 pathway (작은) 길 lead to ~로 이어지다 parking area 주차 구역, 주차장 in the distance 멀리

3. (A) Some shelves are stocked with boxes.
(B) Some bookshelves are separated by an aisle.
(A) 몇몇 선반들이 상자로 채워져 있다.
(B) 몇몇 책장들이 통로로 나뉘어 있다.

어휘 be stocked with ~로 채워지다, 구비되다 be separated by ~로 나뉘다

4. **(A) Some tools are propped against a wall.**
(B) A wheelbarrow is being pushed.
(A) 연장들이 벽에 기대어져 있다.
(B) 외바퀴 손수레가 밀리고 있다.

어휘 be propped against ~에 기대어 있다 wheelbarrow 외바퀴 손수레

5. **(A) Some buildings are located near some hills.**
(B) A stone bridge is being built over a river.
(A) 몇몇 건물들이 언덕 근처에 위치해 있다.
(B) 돌로 된 다리가 강 위에 건설되는 중이다.

어휘 be located 위치하다 near ~ 근처에 hill 언덕 be built 건설되다

6. (A) A potted plant has been set on the floor.
(B) Documents are stacked on a desk.
(A) 화분이 바닥에 놓여 있다.
(B) 서류들이 책상 위에 쌓여 있다.

어휘 potted plant 화분 be set 놓이다 floor 바닥, 마루 be stacked 쌓여 있다

Day 02 명사 ③

표제어 문제 정답 및 해석

1. (A)	2. (B)	3. (B)	4. (A)	5. (B)
6. (A)	7. (A)	8. (A)	9. (A)	10. (B)
11. (A)	12. (B)	13. (B)	14. (A)	15. (B)
16. (A)	17. (B)	18. (A)	19. (B)	20. (A)
21. (A)	22. (B)	23. (B)	24. (A)	25. (A)
26. (B)	27. (B)	28. (B)	29. (A)	30. (B)
31. (B)	32. (B)	33. (B)	34. (A)	35. (A)
36. (B)	37. (B)	38. (A)	39. (A)	40. (B)

1. 저희 품질 보증 담당자는 제품들이 고객들에게 배송되어 나가기 전에 어떠한 제조상의 결함을 확인합니다.

2. 지난 10년 동안, 인도네시아에 있는 우리 공장에서의 팜 오일 생산량은 두 배 이상이 되었다.

3. 저희 웹 사이트는 유럽 전역에 걸쳐 다양한 지점들에서 저희가 판매하는 모든 제품들의 완전한 목록을 포함하고 있습니다.

4. 의사소통을 더 편리하게 만들기 위해, 참석자들은 접수 데스크에서 이름표를 찾아가야 한다.

5. 귀하께서 어떠한 제레트론 기기에 문제가 있으시다면, 저희 기술 지원팀에게 연락해주십시오.

6. 체육관의 사우나 시설이 보수 공사를 위해 폐쇄될 것이며, 6월 초에 재개장할 것으로 예상됩니다.

7. 고객들이 우리 메일링 목록에서 없어지길 원하는 경우에, 그분들의 세부정보를 저희 마케팅팀에 건네주시기 바랍니다.

8. 올해의 브리지워터 마라톤에서, 참가자의 수가 20,000명을 넘을 것 같다.

9. 제품 개발팀은 우리의 새로운 태블릿 컴퓨터의 겉 케이스를 디자인하는 최종 단계에 있다.

10. 호웰 씨의 시장 경향에 대한 지식이 EXA 소프트웨어 사가 업계에서 경쟁자들보다 월등히 앞서 있도록 했다.

11. 브라운 씨는 다가오는 프로젝트를 이끌 기회를 받을 사람으로 여먼 씨를 추천했다.

12. 호텔 관리인은 시설 관리팀이 더 효율적으로 일일 근무를 완료해야 된다고 주장했다.

13. 고급 교육 코스 덕분에, 우리는 생산 시간을 25퍼센트 줄였다.

14. 회사의 설립자는 새로운 고객들을 공항에서 시내 지역에 있는 호텔로 이동시키기 위해 준비했다.

15. 샹그릴라 식당에서, 저희는 음식, 서비스 그리고 분위기가 귀하의 기대치를 능가하는 것을 확실히 하도록 열심히 일하고 있습니다.

16. 귀하께서 연례 유지보수 서비스를 취소하고 싶으시다면, 저희 고객 지원팀에 서면 확인증을 제공해주셔야 합니다.

17. 모든 사업체들은 정부의 '그리너 퓨처' 안내서에 목록화된 규정들을 따라야 한다.

18. 저희 웹 사이트에 귀하의 상품을 등록함으로써, 귀하께서는 노트북 컴퓨터에 대한 3년 보증 기한을 연장하실 수 있습니다.

19. 제이콥스 씨가 컨퍼런스로 떠나 있는 동안, 부팀장 도킨스 씨가 사무실에서 가장 많은 권한을 가지고 있다.

20. 이 직원 오리엔테이션은 시리우스 IT 솔루션 사의 일자리에 대한 모든 측면을 다룰 것이다.

21. 매우 숙련된 기술자만 2일 내에 제조 로봇을 수리할 수 있을 것이다.

22. 직원 참석자 수의 분석은 연례 생산성 목표에 확실히 도달하기 위해 필수적이다.

23. 화상회의는 전 세계에 근거지를 둔 동료직원들과 논의를 하는 데 효과적인 수단이다.

24. 건물 관리자는 옥상 공간을 사용할 방법을 결정할 때 세입자들의 의견을 고려할 것이다.

25. 스포츠 행사를 위한 주최 도시는 사회 기반 시설과 치안을 포함한 여러 요인들에 근거하여 선택되었다.

26. 수습 기간의 완료 후에, 합격한 직원들은 정규직 계약을 제공받을 것이다.

27. 테스커 씨를 제외하고, 거의 모든 이사회 임원들이 텍사스로 이전하자는 제안에 찬성했다.

28. 급여 담당 부장은 이번 주 매일 오후 4시 이후에 급여와 관련된 문제들에 대한 상담이 가능할 것이다.

29. 우리 본사의 증축이 도시 건물 규정에 따라 건축되어야 하는 것이 중요하다.

30. 올해의 영화상의 후보들이 25명의 유명 영화 평론가로 구성된 패널에 의해 고려될 것이다.

31. 살라 테크놀로지 사의 연말 연회에서의 로스 오길비 씨의 연설은 회사의 성공에 대한 직원들의 자신감을 증가시켰다.

32. 이것은 귀하의 주차 구역이 D5에서 E3으로 변경되었음을 상기시켜드리는 글입니다.

33. 개업 기념 행사를 준비하면서, 스타버스트 몰 소유자들은 지역 유명인들에게 초대장을 보내고 있다.

34. BC 하이킹 탐험대는 참가자들이 적절히 수분을 섭취하고 부상으로부터 자유로운 상태인 것을 보장하기 위해 모든 예방 조치를 취한다.

35. 연예인 광고는 그 회사의 세계적인 마케팅 전략의 주된 구성 요소이다.

36. 수영장이 청소를 위해 폐쇄될 동안, 저희는 귀하의 인내에 감사드리며, 호텔의 다른 편의시설을 즐기시도록 권고 드립니다.

37. 4번가에 대해 제안된 확장은 시내 도로들에서의 정체를 상당히 줄일 것이다.

38. 그 예술 비평가는 폴 누난의 작품과 루카 베르고

니의 작품 사이의 확실한 연결성을 언급했다.

39. 수입 석유의 가격이 계속 급등하고 있기 때문에, 유럽의 운전자들은 중대한 연료의 부족 현상에 대해 대비해야 한다.

40. 바커 씨가 오늘 오후 3시 정각에 열릴 예정인 기자회견 참석을 요청하셨습니다.

DAILY QUIZ

7.

해석 모든 새롭게 설치된 일렉트라 보일러들은 기술적 결함을 보장해주는 연장된 보증 기한이 함께 딸려 온다.

해설 빈칸 뒤에 제시된 기술적 결함을 보장해주는 주체를 나타낼 수 있는 어휘가 와야 하므로 '보증 (기한)'을 뜻하는 (D)가 정답이다.

어휘 installed 설치된 come with ~가 함께 딸려 오다 extended 연장된 cover ~을 보장하다 fault 결함 operation 운영, 작동 warranty 보증(기한)

8.

해석 뷰캐넌 시장은 소규모의 공개 토론회를 선호하는데, 그것이 지역 유권자들과 더 나은 관계를 발전시키는 것을 도와주기 때문이다.

해설 빈칸에 공개 토론회가 주는 효과와 관련해 전치사 with와 어울리는 어휘가 필요하므로 '관계, 연결(성)'이라는 의미의 (B)가 정답이다.

어휘 small-scale 소규모의 public forum 공개 토론회 constituent 유권자 connection 관계, 연결(성) profession 직업

Day 03 명사 ④

표제어 문제 정답 및 해석

1. (B)	**2.** (B)	**3.** (B)	**4.** (B)	**5.** (B)
6. (A)	**7.** (A)	**8.** (A)	**9.** (B)	**10.** (A)
11. (A)	**12.** (B)	**13.** (A)	**14.** (B)	**15.** (B)
16. (A)	**17.** (B)	**18.** (B)	**19.** (A)	**20.** (B)
21. (B)	**22.** (A)	**23.** (B)	**24.** (B)	**25.** (B)
26. (B)	**27.** (A)	**28.** (B)	**29.** (B)	**30.** (A)
31. (A)	**32.** (B)	**33.** (B)	**34.** (B)	**35.** (A)
36. (B)	**37.** (B)	**38.** (A)	**39.** (B)	**40.** (A)

1. 임대 계약을 갱신하는 것을 원하지 않는 부동산 임차인들은 반드시 임대인에게 서면 통지를 보내야 한다.

2. 올백 씨는 인기 있는 팟캐스트 출연의 결과로써 그의 음악 앨범 판매의 증가를 경험했다.

3. 다이어 씨는 다음 주 월요일에 패스트푸드 할인점이 개장하기 전에 10개의 직책을 채워야 한다는 압박에 시달린다.

4. 뮤직 페스티벌에 대한 입장권 판매로부터 온 모든 수익금의 일부가 자선단체에 기부될 것이다.

5. 예정된 유지보수로 인해, 내일 오전 11시에 사무실의 인터넷 연결의 일시적인 중단이 있을 것입니다.

6. 정부 관계 기관은 최근에 월트쉬어 풀 무역 사에 대해 조사를 수행했다.

7. 시장 조사 그룹은 신제품의 디자인, 기능성, 그리고 다른 요소를 고려할 것이다.

8. 벨라 비스트로에서의 음식은 많은 칭찬을 받았지만, 좌석이 한 번에 15명의 식사 손님들로 제한되어 있다.

9. 그래픽 디자인 컨설턴트는 우리의 웹 사이트의 강화가 온라인 매출을 상당히 신장시킬 수 있다고 생각한다.

10. 클리어몬트 컨벤션 센터와의 인접성으로 인해, 아이리스 호텔은 출장자들에게 인기 있는 선택권이다.

11. 랭 박사의 마운틴 고릴라의 번식 습성에 대한 견해는 <바이오사이언스 먼슬리>의 최신 호에 발표되었다.

12. 야구선수들은 종종 무패의 기록을 유지하고 있는 그들의 수석 코치에게 경의를 표한다.

13. 파트타이머 근로자들은 월간 회사 회의에 참석할 의무가 없지만, 여전히 참석하는 것이 강력하게 권고된다.

14. 킹 버거의 최고 운영 책임자는 청소년기부터 회사에서 일하기 시작했기 때문에 사업체에 대한 특이한 관점을 가지고 있다.

15. 건물의 보안 사무실에 접근하기 위해 번호의 올바른 순서가 키패드에 입력되어야 한다.

16. 새로운 모뎀이 24시간 이내에 귀하의 소유물이 될 것이고, 저희 기술자들이 그것을 무료로 설치해드릴 것입니다.

17. 마리오 알베로의 최신 투자 기업은 식당과 영화관의 조합이다.

18. 그 직책에 지원하는 사람들은 그들이 필수적인 기술을 가지고 있다는 증거를 보여줄 수 있도록 포트폴리오를 제출해야 한다.

19. 다른 기업들 간의 고객 정보의 공유를 금지하는 규정이 올해에 효력이 발생할 것이다.

20. 알바타 정유회사는 국내 유통 네트워크를 개선하기 위해 다음 5년 동안에 캐나다 전역에 걸쳐 새로운 관들을 설치할 것이다.

21. 저희 웹 사이트는 모든 EZ 전자 주방 용품의 크기와 기술적인 상세 요건을 분명하게 보여주고 있습니다.

22. 특정 외국 제품들의 수입에 가해진 무역 제한이 국내 경제를 신장시키기 위해 시행되었다.

23. 알비온 철도회사는 선로 유지보수로 인해 발생된 열차 서비스에서 최근 중단에 대해 승객들에게 사과했다.

24. 로날드 이브스는 런던의 도시 풍경으로부터 받은 영감을 통해 수채화 그림을 그렸다.

25. 고객 충성도를 강화하기 위해, 엑슨 사무용품 사는 여러 혜택들이 있는 멤버십 프로그램을 도입할 것이다.

26. 하이츠 모터스 사의 하이브리드 자동차의 경우에 그랬던 것처럼, 첫 완전 전기 자동차는 전 세계에

27. 저희 인사부의 장으로서, 호크 씨의 직무들 중 하나는 직원들의 의욕을 향상시키는 것입니다.

28. 저희는 식당을 방문해주시는 분들께 훌륭한 첫 인상을 남기고 싶으니 열정으로 모든 식사 손님들을 맞이해주십시오.

29. 자사의 홍보 자료에서, 젠 풀 파이버 사는 무선 인터넷 서비스의 속도와 신뢰도를 강조한다.

30. 도시의 설립을 기념하기 위해, 시장은 기념비적인 건물의 건설을 승인했다.

31. 귀하의 편의를 위해, 저희는 이 이메일에 귀하의 송장의 전자 사본을 첨부했습니다.

32. 많은 집주인들은 내구성 때문에 트루그레인의 원목 바닥재를 설치하는 것을 선택하고 있다.

33. 호텔 투숙객들은 가파른 급경사가 많기 때문에 근처 숲을 걸을 때 주의를 기울이도록 권고 받는다.

34. 국립 항공청의 장은 새로운 항공기의 안전에 대한 철저한 평가를 요청했다.

35. 어떠한 추가적인 수정을 하기 원할 경우에 대비해, 귀하의 기사를 편집팀의 켄 그림쇼 씨에게 제출하시기 바랍니다.

36. 스피디 잇츠와 고 그럽의 비교는 평균 배달 시간이 스피디 잇츠에게 훨씬 더 적었다는 것을 보여주었다.

37. 전국 육상 위원회에서 온 대표단이 클락슨 경기장의 적합성을 평가할 것이다.

38. 이전 후에, 사터 가구회사의 본사는 뉴욕 시티 밖으로 약 20킬로미터 떨어진 곳에 위치해 있을 것이다.

39. 길드 출판사의 편집자 직책은 창의력에 대한 안목과 세부사항에 대한 훌륭한 집중력을 필요로 한다.

40. 우리가 요청했던 기한 연장을 받을 수 없었기 때문에 매출 보고서의 마감일이 이번 주 금요일까지이다.

DAILY QUIZ

7.

해석 카르멘 엑스포 센터는 여러 5성급 호텔들과의 인접성으로 인해 사업 총회들을 위한 완벽한 장소이다.

해설 빈칸 다음에 위치한 전치사 to와 어울려 특정 건물이 지닌 위치적인 특성을 나타낼 어휘가 필요하므로 '인접(성), 근접'을 뜻하는 (B)가 정답이다.

어휘 venue (행사) 장소 accomplishment 성취, 업적 proximity 인접(성), 근접 competence 능숙함 opposition 반대

8.

해석 프로스트 출판사에서는, 자사의 직원들이 지닌 긍정적인 업무 태도를 대단히 중요하게 여기므로, 모든 업무에 대해 열정을 갖고 접근하도록 노력하시기 바랍니다.

해설 빈칸이 속한 so절은 명령문 형태로 업무를 접하는 방식을 알리는 내용이므로 with의 목적어로 쓰일 어휘는 사람의 마음가짐이나 태도와 관련되어야 한다. 따라서 '열정, 열광'을 의미하는 (D)가 정답이다.

어휘 greatly 대단히, 매우 value ~을 중요하게 여기다 attitude 태도 approach ~에 접근하다 task 업무, 일 comparison 비교, 대조 allocation 할당(량) enthusiasm 열정, 열광

Day 04 명사＋전치사 콜로케이션

표제어 문제 정답 및 해석

1. (A) 2. (A) 3. (A) 4. (A) 5. (B)
6. (A) 7. (B) 8. (B) 9. (B) 10. (B)
11. (A) 12. (B) 13. (A) 14. (A) 15. (B)
16. (A) 17. (B) 18. (B) 19. (B) 20. (B)
21. (A) 22. (A) 23. (B) 24. (B) 25. (A)
26. (B) 27. (B) 28. (B) 29. (A) 30. (A)
31. (A) 32. (A) 33. (A) 34. (B) 35. (B)
36. (B) 37. (B) 38. (B) 39. (A) 40. (B)

1. 오로지 정회원들만 수영장에 있는 스파와 사우나 시설에 대한 이용권을 받는다.
2. 우리의 식사 손님들은 점심시간 뷔페의 도입에 대한 많은 관심을 보여주었다.
3. 마틴 씨에게 12월의 귀하의 근무 가능 시간에 대한 어떠한 조정사항이라도 알려주시기 바랍니다.
4. 페리 운항 일정에 어떠한 변동사항이 있을 경우에는, 저희가 귀하께 미리 연락을 드릴 것입니다.
5. 저렴한 비용의 식물성 섬유는 전통적인 의류 소재들에 대한 훌륭한 대안이라는 것이 증명되었다.
6. 홍 씨와 시펄리 씨는 올해의 회사 워크숍 장소에 대해 합의했다.
7. 직원들을 동기 부여하는 것에 대한 트레이너 씨의 효과적인 접근법은 생산성에서의 20퍼센트 증가라는 결과를 낳았다.
8. 이 쿠폰은 다른 어떠한 상품권이나 할인 코드와 함께 사용될 수 없습니다.
9. 회계부장의 요청에 따라, 직원들은 개인적 지출에 대해 회사 신용카드를 사용할 수 없다.
10. 지역 오락 서비스들에 대한 자료는 주로 고객 설문조사를 통해 취합되었다.
11. 회사 재고 체계의 사소한 변경은 수요일 아침 회의 동안 다뤄질 것이다.
12. 앤더슨 씨는 도시의 시장으로부터 지역사회에 대한 그의 귀중한 공헌에 대한 인정을 받을 것이다.

13. 갈비스턴 프레시 프로듀스 사는 펜리스 지역의 소비자들에게 해당 지역에서의 최근 배송 서비스의 중단에 대해 사과했다.

14. 유럽 시장으로의 최근 확장으로 인해, 에라스무스 자동차 사는 자사의 수익이 거의 두 배가 되었음을 확인했다.

15. 제출된 피드백 양식들에 기반하여, 대부분의 우리 직원들은 그들의 지점장에 대한 신뢰를 가지고 있다.

16. 그 인테리어 디자이너는 우리가 최근에 구매한 사무 공간에 대한 몇몇 개선을 권고했다.

17. 모든 제조 과정은 반드시 정부 보건안전기준을 준수해야 한다.

18. 이 미납 안내를 잘못 받았다고 생각하신다면, 저희 고객 계정팀에 연락해주시기 바랍니다.

19. 포장 재료 비용의 증가로 인해, 시맨 파인 푸드 사는 자사의 가격을 인상할 수밖에 없었다.

20. 웨이페럴 인은 기차역과의 인접성 때문에 관광객들이 머물기에 이상적인 장소이다.

21. 지점장으로서, 랭 씨는 사무 업무를 위임하는 것에 대한 주도권을 가져야 한다.

22. 크릭 소프트웨어 사의 이사회 임원들은 지역 모바일 어플리케이션 개발사와 합병하는 것에 대한 조사를 시작했다.

23. 여행 일정에 대한 어떠한 변경사항이라도 저희 웹 사이트에 즉시 게시될 것입니다.

24. 재정적 문제들의 직면에 있어서의 설립자의 고집이 결국 그가 성공적인 섬유회사를 설립하는 데 도움이 되었다.

25. 고객들이 사우스 로드에 있는 오락 복합건물의 청사진에 대한 수정을 요구했다.

26. 저희 체육관 회원들의 불만에 대한 응답으로, 저희는 더 다양한 운동 수업을 제공하기로 결정했습니다.

27. 서머 솔스티스 음악 페스티벌의 기획자들은 행사에서 제공되었던 편의시설에 대한 피드백을 구하고 있습니다.

28. 베일리빌에 있는 우리의 새 사무실로 이전하는 동안, 여러 장비들이 보관 중일 것입니다.

29. 영업에서 일자리를 찾고 있는 사람들에 대한 중요한 필수요건은 효과적으로 소통하는 능력이다.

30. 배우 댄 하그레이브스 씨는 그의 팬들과의 연결성을 느낄 기회를 주기 때문에 팬미팅에 참석하는 것을 즐긴다.

31. 와이엇 교수는 교육 분야에 대한 그의 놀랄 만할 공헌을 인정하는 스탠튼 상을 받았다.

32. 바니 씨는 그녀의 새로운 화장품 매장을 위한 가장 이상적인 장소에 대한 조사를 실시할 것이다.

33. 정부 소음 규제 지침을 준수하여, 건설 현장에서의 작업은 오후 5시에 반드시 중단되어야 한다.

34. 청소 용품들은 피부를 자극할 수 있으므로 반드시 주의 깊게 다뤄져야 한다.

35. 코 씨의 부재의 결과로, 인사부는 지난 두 달 동안 맥스 베이리스 씨의 관리 하에 있었다.

36. 다가오는 비즈니스 시상식에 대비하여, 에드워드 씨는 연설을 연습하고 있다.

37. 이 계약 조건 하에서, 귀하의 구독을 취소하기를 희망하신다면, 적어도 3일 전에 저희에게 미리 알려주셔야 합니다.

38. 광고 캠페인을 취소한 세라핌 주식회사의 결정은 전체적인 수익의 감소로 이어졌다.

39. 회사 본사의 새로운 위치에 대한 합의의 실패는 제안된 사업 합병을 위험에 처하게 할 수 있다.

40. 데이토나 비치 리조트에서, 안내 데스크 직원들은 열정으로 모든 투숙객들을 맞이하도록 권고된다.

DAILY QUIZ

7.

해석 그 슈퍼마켓의 자체 브랜드의 세탁 세제는 시장에서 앞서가는 제품들에 대한 적당한 가격의 대안이다.

해설 빈칸에 들어갈 어휘는 laundry detergent와 동일한 대상으로서 빈칸 뒤에 제시된 전치사 to와 어울려야 하므로 to와 함께 '~에 대한 대안'이라는 의미의 (C)가 정답이다.

어휘 laundry 세탁 detergent 세제
alternative to ~에 대한 대안 leading
앞서가는, 선도적인 exchange 교환(품)

8.

해석 공항과 버스 터미널에 인접성을 고려하면, 캔튼 전시장이 국제무역박람회를 위한 이상적인 장소이다.

해설 빈칸에는 빈칸 뒤에 제시된 전치사 to와 함께 특정 장소가 무역박람회의 행사 장소로서 이상적인 이유를 나타낼 수 있어야 하므로 '~와의 인접성'이라는 뜻의 (B)가 정답이다.

어휘 considering ~을 고려하면 proximity to ~와의 인접성 exhibition 전시 trade expo 무역박람회 sequence 순서

Day 05 기출 동의어 ②

표제어 문제 정답

1. (A)	2. (A)	3. (A)	4. (B)	5. (B)
6. (B)	7. (B)	8. (B)	9. (B)	10. (A)
11. (B)	12. (A)	13. (A)	14. (A)	15. (B)
16. (A)	17. (A)	18. (B)	19. (B)	20. (B)
21. (B)	22. (B)	23. (B)	24. (B)	25. (B)
26. (B)	27. (B)	28. (A)	29. (A)	30. (B)

DAILY QUIZ

1.

해석 잡지는 다음 호에서 그 화가의 최신 전시를 다루며 독점 인터뷰도 특집으로 선보일 예정이다. 독자들은 생생한 사진과 상세한 해설을 통해 시각적으로 놀라운 전시 쇼케이스를 기대할 수 있다.

해설 잡지가 화가의 전시를 다룰 것이라는 것은 해당 내용을 '싣다, 포함하다'라는 뜻이므로 (A)가 정답이다.

어휘 cover ~을 다루다, 포함하다 latest 최신의 feature ~을 특집으로 싣다 exclusive 독점의 as well 또한, 역시 visually 시각적으로 stunning 굉장히 멋진 showcase 공개 (행사) vivid 생생한 commentary 해설 wrap ~을 싸다 insure 보험에 들다

2.

해석 우리는 가격이 적당하고 실용적일 뿐만 아니라 에너지 정책 및 보존법에서 정한 가전제품의 에너지 효율 기준을 충족하는 세탁기를 만듭니다.

해설 동사 meet는 필요나 요구사항, 기준 등을 목적어로 할 때 '~을 충족시키다'라는 뜻이다. 따라서 (B)가 정답이다.

어휘 washer 세탁기 practical 실용적인 meet the standards 기준을 충족하다 energy efficiency 에너지 효율 home appliance 가정용 기기 set by ~에 의해 정해진 touch ~에 닿다 satisfy ~을 충족시키다

3.

해석 귀하의 조경 필요 사항을 위해 저희 서비스를 선택해 주셔서 감사합니다. 저희는 귀하의 비즈니스를 소중히 여기며 귀하의 기대를 뛰어넘는 뛰어난 결과를 제공하기 위해 최선을 다하고 있습니다.

해설 서비스를 제공하는 업체에서 고객의 비즈니스를 value한다는 것은 '소중히 여기다'라는 뜻이므로 이러한 의미를 가지는 (B)가 정답이다.

어휘 landscaping 조경 be committed to -ing ~하는 데 전념하다 deliver ~을 내놓다 outstanding 훌륭한 exceed ~을 능가하다 expectation 기대 estimate ~을 평가하다 appreciate ~을 소중히 여기다

Week 02 실전 TEST

1. (D) **2.** (A) **3.** (D) **4.** (D) **5.** (C)

6. (C) **7.** (D) **8.** (B) **9.** (C) **10.** (B)

11. (B) **12.** (B) **13.** (A) **14.** (B) **15.** (B)

16. (D) **17.** (A) **18.** (D)

1.
(A) Some windows are being installed.
(B) Shopping baskets are stacked by a window.
(C) Some drawers have been left open.
(D) Products are displayed on shelves.

(A) 몇몇 창문이 설치되는 중이다.
(B) 쇼핑용 바구니가 창가에 쌓여 있다.
(C) 몇몇 서랍이 열린 채로 있다.
(D) 상품들이 선반마다 진열되어 있다.

어휘 install ~을 설치하다 stack ~을 쌓다 drawer 서랍 be left 형용사 ~한 채로 있다 display ~을 진열하다, ~을 전시하다

2. **(A) Some boats are docked in a harbor.**
(B) Some boats are filled with supplies.
(C) Some people are boarding a boat.
(D) Some people are swimming in the ocean.

(A) 몇몇 보트들이 항구에 정박되어 있다.
(B) 몇몇 보트들이 물품으로 가득 차 있다.
(C) 몇몇 사람들이 보트에 탑승하고 있다.
(D) 몇몇 사람들이 바다에서 수영하고 있다.

어휘 dock ~을 정박하다, ~을 부두에 대다 harbor 항구 be filled with ~로 가득 차 있다 supplies 물품, 용품 board ~에 탑승하다

3. (A) A door has been propped open.
(B) An entrance is blocked by a bench.

(C) Some signs are posted on a wall.
(D) Some potted plants have been placed outside.

(A) 문 하나가 지지대를 받친 상태로 열려 있다.
(B) 출입문 하나가 벤치로 가로막혀 있다.
(C) 몇몇 안내 표지가 한쪽 벽에 게시되어 있다.
(D) 몇몇 화분에 심은 식물이 밖에 놓여 있다.

어휘 be propped open 지지대를 받친 상태로 열려 있다 be blocked by ~로 가로막혀 있다 post v. ~을 게시하다, ~을 내걸다 potted plant 화분에 심은 식물 place ~을 놓다, ~을 두다

4. (A) A man is standing in front of a desk.
(B) A man is writing on a notepad.
(C) A light fixture has been hung from the ceiling.
(D) A clock is mounted above a whiteboard.

(A) 한 남자가 책상 앞에 서 있다.
(B) 한 남자가 메모장에 뭔가 쓰고 있다.
(C) 조명 기구 하나가 천장에 매달려 있다.
(D) 시계가 화이트보드 위에 설치되어 있다.

어휘 in front of ~ 앞에 light fixture 조명 기구 be hung from ~에 매달려 있다 ceiling 천장 mount ~을 설치하다, ~을 장착하다

5.
해석 청소 로봇 제품이 여전히 시제품 단계에 있으며, 이번 달 기술 컨벤션에서 전시될 준비가 되어 있지 않다.
해설 빈칸 앞에 위치한 명사 prototype과 복합명사를 구성할 수 있는 어휘가 필요한데, 아직 전시될 준비가 되지 않았다는 말과 어울리려면 '시제품 단계'에 있는 제품이라는 의미가 되어야 적절하다. 따라서 '단계'를 의미하는 (C)가 정답이다.
어휘 prototype 시제품, 원형 제품 exhibit ~을 전시하다 portion 부분, 일부 stage 단계 compartment (차량 등의) 짐칸, 보관함

6.

해석 국가 안전 규정은 모든 건설 근로자들이 건축 현장 내에서 안전모를 착용할 것을 요구한다.

해설 빈칸 앞에 위치한 명사 safety와 복합명사를 구성할 수 있는 어휘가 필요한데, 어떤 것이 시행되도록 요구할 수 있는 것이 빈칸에 필요하므로 '규정, 규칙, 규제' 등을 의미하는 (C)가 정답이다.

어휘 safety 안전 require that ~라는 것을 요구하다 construction 건설 protective helmet 안전모 building site 건축 현장 regulation 규정, 규칙, 규제 process 과정

7.

해석 그 연구의 결과는 에핑 지역 거주민들이 그들의 지역 의회 의원들에 대한 확신이 거의 없다는 것을 보여주었다.

해설 빈칸 앞뒤에 있는 동사 have 및 전치사 in과 어울리면서 특정 지역의 의회 의원들에 대한 주민들의 감정이나 생각을 나타내 줄 수 있는 어휘가 필요하므로 '확신, 자신감' 등의 뜻인 (D)가 정답이다.

어휘 few 거의 없는 council member 지역 의회 의원 honesty 정직함, 솔직함 strength 장점, 힘 motivation 동기 confidence 확신, 자신감

8.

해석 월그렌 사의 대표이사 젠슨 씨는 회사의 업무 정책에 대한 그 어떤 수정사항에 대해 승인하는 것을 책임지고 있다.

해설 빈칸에는 대표이사가 회사 업무 정책에 대해 승인할 수 있는 대상이 될 수 있는 어휘가 필요하므로 '수정, 개정'이라는 의미의 (B)가 정답이다.

어휘 be responsible for ~을 책임지다 approve ~을 승인하다 turn 차례, 순서 revision 수정, 개정

9.

해석 스톡홀름 대표단이 우리의 생산 시설을 방문할 때, 마티네즈 씨는 그들에게 자동차 제조 방법을 보여줄 것이다.

해설 빈칸에는 생산 시설을 방문하는 주체를 나타낼 수 있는 사람명사 어휘가 와야 하므로 '대표단'이라는 의미를 가진 (C)가 정답이다.

어휘 production 생산 manufacture ~을 제조하다 automobile 자동차 deviation 일탈, 탈선 precision 정확, 정밀 delegation 대표단 translation 번역

10.

해석 그 감독의 최신 영화는 1950년대의 미국 고전 영화의 몇몇 기본적인 요소들을 사용한다.

해설 빈칸에는 빈칸 앞에 위치한 형용사 fundamental의 수식을 받을 수 있으면서 영화에 사용될 수 있는 대상을 나타낼 수 있는 것이 필요하므로 '요소'를 뜻하는 (B)가 정답이다.

어휘 fundamental 기본적인, 근본적인 element 요소 similarity 유사성

11.

해석 중국에서의 잠재적 투자자들의 요청에 따라, 제조 공장에 대한 견학이 다음 달로 연기되었다.

해설 빈칸에는 어떤 일이 연기된다는 결과를 가져올 수 있는 어휘가 필요하므로 빈칸 앞뒤에 제시된 At the 및 of와 함께 '~의 요청에 따라'라는 의미를 구성하는 (B)가 정답이다.

어휘 at the request of ~의 요청에 따라 prospective 잠재적인, 장래의 postpone ~을 연기하다 following 다음의 effect 효과 certainty 확실한 것, 확실성 necessity 필요, 불가피한 것

12.

해석 아이스드 트리츠 사의 소유주는 최신 얼린 요거트의 맛에 대한 피드백을 기다리고 있다.

해설 빈칸에는 빈칸 뒤에 제시된 전치사 on과 함께 새로운 맛에 대해 소유주가 기다리는 대상을 나타낼 수 있는 어휘가 와야 한다. 따라서 문맥상 '맛에 대한 피드백, 의견'이 자연스러우므로 '피드백, 의견'을 의미하는 (B)가 정답이다.

어휘 feedback on ~에 대한 피드백, 의견 flavor

맛 **frozen** 얼린, 냉동의 **statement** 진술(서)
conduct 수행, 행동

13-16.

수신: 전 보안 직원들
날짜: 8월 16일
회신: 새로운 보안 조치들

많은 여러분들이 이미 아시다시피, 우리는 최근에 일련의 보안 위반을 겪어 왔습니다. 대부분은 심각한 문제로 이어지지는 않았지만, 마지막 사고는 거의 우리에게 수백만 달러에 **13** 상당하는 설계도의 비용이 발생할 뻔 하였습니다. 다행히, 우리는 그것들이 경쟁사들의 손에 떨어지기 전에 회수할 수 있었습니다. **14** 따라서, 우리는 새로운 보안 정책들을 실행할 것입니다.

우선, 여러분은 이제 반드시 우리 시설에 들어오는 모든 사람의 신분증을 스캔해야 합니다. **15** 예외는 없을 것입니다. 이것은 심지어 최고위 직급의 직원들에게도 해당됩니다. 또한, 모든 컴퓨터들은 반드시 적절한 보안 소프트웨어가 설치되어 있는지 확실하게 확인되어야 합니다. 마지막으로, 퇴근 시간 이후에, 보안 직원은 반드시 아무도 **16** 서면 허가 없이 늦게 남아 있지 않도록 확실하게 전체 시설을 확인해야 합니다.

여러분의 규칙 준수에 미리 감사드립니다.

그레그 데이비슨, 최고 보안 담당자

어휘 **suffer** ~을 겪다 **breach** 위반, 침해 **lead to** ~로 이어지다 **blueprint** 설계도, 청사진 **first of all** 우선 **scan** ~을 스캔하다, 자세히 보다 **highest-ranking** 최고위 직급의 **ensure that** ~라는 것을 확실하게 하다 **proper** 적절한 **stay late** 늦게 남아 있다 **permission** 허가 **compliance** (규칙) 준수, 지킴

13.

해설 빈칸 뒤 금액이 제시되어 있으므로 이 금액 표현과 함께 '얼마 어치, 얼마의 가치'라는 뜻으로 쓰이는 (A)가 정답이다.

어휘 **worth** 가치가 있는 **valued** 소중한 **priced** 가격이 책정된

14. (A) 이런 서류들을 대체하는 것은 어려울 것입니다.

(B) **따라서, 우리는 새로운 보안 정책들을 실행할 것입니다.**

(C) 그래서, 정보를 공유하기 전에 주의 깊게 생각하시기 바랍니다.

(D) 이 심각한 문제에 관심을 가져 주셔서 감사드립니다.

해설 빈칸 앞에는 최근 일련의 보안 문제들을, 다음 문단부터는 새로운 보안 강화 정책들을 나열하고 있다. 따라서 새로운 보안 정책들을 실행한다는 사실을 알리는 내용이 필요하므로 (B)가 정답이다.

어휘 **therefore** 따라서 **implement** ~을 실행하다 **security** 보안 **attention** 관심

15.

해설 빈칸 앞에는 모든 사람의 신분증을 확인한다는 내용이, 빈칸 뒤에는 이것이 최고위급 직원들에게도 해당된다고 언급되어 있다. 따라서 빈칸 앞에 위치한 no와 함께 '예외는 없다'는 내용이 오는 것이 적절하므로 '예외, 제외'라는 의미의 (B)가 정답이다.

어휘 **submission** 제출, 복종 **exception** 예외, 제외 **transaction** 거래 **correlation** 상호관계

16.

해설 빈칸 앞뒤에 전치사와 명사가 있으므로 빈칸은 명사를 수식할 수 있는 형용사 자리이다. 따라서 (B)와 (D) 중에서 정답을 골라야 하는데, 빈칸 뒤의 '허가'라는 의미의 permission이 있으므로 이는 사람에 의해 허가된 것임을 알 수 있다. 따라서 '서면의'라는 의미의 과거분사 (D)가 정답이다.

17-18.

아르고 솔루션 사, 목표에 도달하다

디트로이트 (9월 7일) – 아르고 솔루션 사는 기술 분야의 일자리에 요구되는 기술을 배우는 것을 희망하는 사람들을 위한 컴퓨터 프로그래밍 워크숍을 실시하겠다는 목표를 달성했다. **17** 아르고 사는 업무용 스프레드시트와 데이터베이스 프로그램을 제작하는 것을 전문으로 하는 곳이다.

디트로이트와 시카고, 그리고 세인트루이스의 지방 정부들의 재정적 도움을 통해, 몇몇 회사들은 유용한 새 기술을 배우려는 사람들에게 기회를 제공하기 위해 다양한 전문 능력 개발 워크숍을 준비하고 있다. 아르고 솔루션 사의 경우, 이 회사의 워크숍은 디트로이트에 있는 본사에서 매주 월요일에 개최된다.

"자금의 제공자들에 의해 제시된 **18** 조건에 따라, 저희는 연중 주기적으로 운영되는 종합적인 교육 활동을 제공해야 했습니다"라고 아르고 솔루션 사의 레온 도렌즈 대표이사가 말했다. "저희는 현재 제공 중인 워크숍을 자랑스럽게 생각하며, 이것들은 가장 경험 많고 숙련된 저희 프로그래머들의 일부가 진행하고 있습니다."

이런 교육 활동에 합류할뿐만 아니라, 이 회사는 자사의 제품에 대한 수요가 급격히 증가함에 따라 올 하반기에 본사에서 약 100명의 신입사원들을 채용할 계획이다.

어휘 **reach** ~에 도달하다 **required** 필요한, 필수적인 **sector** 분야, 부문 **specialize in** ~을 전문으로 하다 **spreadsheet** 스프레드시트(표 계산 소프트웨어) **professional development** 전문 능력 개발 **in the case of** ~의 경우에 **term** (계약 등의) 조건 **set out** ~을 제시하다, 시작하다 **comprehensive** 종합적인 **run** 운영되다 **throughout** ~ 동안 쭉 **be led by A** A가 진행하다 **in addition to** ~뿐만 아니라 **demand** 수요 **sharply** 급격히

17. 아르고 솔루션 사는 무엇을 만드는가?
(A) 사무용 소프트웨어
(B) 대학 교재
(C) 지역 학교들을 위한 노트북 컴퓨터
(D) 시장 조사 보고서

해설 첫 단락 마지막 문장에서 아르고 사가 업무용 스프레드시트와 데이터베이스 프로그램을 만든다고 언급되어 있으므로 (A)가 정답이다.

18. 세 번째 단락 첫 번째 줄에 있는 단어 "terms"와 의미가 가장 가까운 것은 무엇인가?
(A) 생각
(B) 지속 시간
(C) 상표
(D) 조건

해설 제시된 단어 terms는 자금을 제공해주는 당사자가 정한 것으로서 따라야 하는 대상으로 언급되어 있다. 따라서 지원에 필요한 조건을 나타내는 의미로 사용되었음을 알 수 있으므로 '조건'이라는 뜻의 (D)가 정답이다.

시원스쿨 LAB